War das LECKER

Unsere Kindheit
Die 60er, 70er, 80er JAHRE

Unsere Kindheit

Die 60er, 70er und 80er Jahre

WISST IHR NOCH.DE

Hallo, liebe Fans und Follower von WISST IHR NOCH.DE !

Ihr habt dieses Kochbuch in der Buchhandlung oder im Internet entdeckt und lest nun dieses Vorwort – cool, danke dafür!

Wir von Wisst-ihr-noch.de haben es geschafft, über 2 Millionen Gleichgesinnte, die den Austausch ihrer Erinnerungen lieben, in der größten Nostalgie-Community Deutschlands zu vereinen. Unsere Community lässt vor allem die 60er, 70er und 80er Jahre wiederaufleben. Denn das sind die Jahre unserer Kindheit – und die war wundervoll.

Das, was du in deiner Kindheit erlebt, gesehen und besessen hattest, vergisst du dein ganzes Leben nicht: das Spielzeug, die Musik, die Filme, die Autos, die Mode, aber auch Gerüche, Farben, Geschmackserlebnisse – womit wir beim Essen wären.

Erinnerungen gehen durch den Magen

Weil unser Herz für unsere große Netzgemeinde schlägt, haben wir nun dieses Kochbuch herausgegeben. Denn oft kommen Fragen nach Mamas und Omas alten Rezepten auf, die wieder hervorgekramt werden möchten. Schließlich konnte niemand Königsberger Klopse, Graupeneintopf oder Grießbrei leckerer zubereiten als sie.

Dieses Kochbuch ist für euch alle, die so viel Liebevolles mit den Mahlzeiten ihrer Kindheit verbinden, dass sie das Alte, das gut war und immer bleibt, auch heute noch gerne erinnern und weitergeben möchten.

Wir wünschen euch mit diesem Kochbuch, in dem unser ganzes Herzblut steckt, wunderbare Abende mit alten und neuen Freunden. Teilt unsere gesammelten Rezepte, schickt ein Foto eurer vollen Kochtöpfe an die, mit denen ihr eure Geschichte erlebt habt. Oder noch besser: Ladet sie gleich zum Essen ein und erzählt uns davon! Ihr könnt auch euer Lieblingsrezept fotografieren und an einen Freund schicken mit der Bitte, dass er es für euch nachkocht – gerne mit Einladung. ☺ Oder ihr macht ein kleines Quiz! Schickt Rezeptfotos an eure Freunde und fragt, wer sich noch erinnern kann.

All das könnt ihr hier erzählen, posten und teilen:
facebook.com/kindheitsdinge
Oder auf allen anderen Seiten von Wisstihrnoch.de:
facebook.com/die70erjahre
facebook.com/wisst.ihr.noch.80er
facebook.com/die90er
facebook.com/wisstihrnochde

Wir wünschen euch viel Spaß beim Nachkochen!

Euer WISST IHR NOCH.DE -Team

Inhalt

Eine kulinarische Zeitreise

durch die 1950er, 1960er, 1970er & 1980er Jahre

Zwischen fetten Jahren und Kalorienbewusstsein oder
Von der Hausmannskost zur internationalen Küche

Es gibt Geschmacksnoten, die man nicht vergisst. Die Erinnerung regt sich, und plötzlich wird die Ahnung zur Gewissheit: Es ist ein Geschmack aus der Kindheit, eine Mahlzeit, die früher häufig oder nur zu besonderen Anlässen aufgetischt wurde. Vor dem geistigen Auge ist da wieder der alte Esstisch, die Küche – die Mutter, wie sie in der Schürze am Herd steht. Lassen Sie sich ein auf eine Zeitreise durch die 1950er, 1960er und 1970er Jahre, auf einen nicht nur kulinarischen Streifzug durch Kinder- und Jugendtage, als wir schwärmten: War das lecker!

Die junge Republik bestand erst wenige Jahre, Deutschland befand sich im Wiederaufbau. Die Kinder spielten auf der Straße, und in nicht wenigen Hauhalten wurde noch einmal pro Woche der große Zuber im Waschkeller angeheizt, um die Kochwäsche durchzuwalken. Auch die Küchenarbeit wurde – vom Gemüseputzen bis zum Kuchenteigkneten – von Hand verrichtet. Willkommen, aber noch teuer, waren elektrisch betriebene Helfer wie Küchenmaschinen, die, mit Wechselaufsätzen versehen, Zeit sparten. Häufiger als auf einen Kühlschrank traf man auf eine Speisekammer oder einen gut gekühlten Vorratskeller.

Noch immer wirkten sich die mageren Jahre der Nachkriegszeit auf den Speiseplan aus. Lebensmittel gab es nicht im Überfluss, gekocht wurde mit den einfachen Mitteln, die verfügbar waren. Ein Blick auf den Teller reichte um zu wissen, welche Jahreszeit gerade war. Saisongemüse und im Jahr zuvor eingeweckte Gartenfrüchte dienten als Grundstock für komplette Mahlzeiten, aus eingewecktem Gemüse konnte auch im Winter eine herzhafte Suppe zubereitet werden. Im Keller lagerten Kartoffeln und Äpfel, manchmal auch Fässer mit Sauerkraut und Rotkohl. Nicht selten wurden Kaninchen zu unseren zeitweiligen Hausgenossen, bevor sie ihrer Bestimmung als Festtagsbraten entgegensahen. Im Sommer gingen wir gemeinsam in den Wald, um Beeren zu pflücken – die dann zu leckerem Saft eingekocht wurden.

Fleisch kam in den meisten Haushalten nur sonntags auf den Teller, angerichtet nach alten Familienrezepten oder regionalen Vorlieben. Den Sonntagvormittag verbrachte die Hausfrau und Mutter mit der Vorbereitung von Bouillon, Braten und Nachtisch, während sich der Herr des Hauses von seiner anstrengenden Arbeitswoche erholte – die Rollen waren klar verteilt. Für die ganze Familie galt, beim gemeinsamen Mahl die feine Sonntagskleidung zu tragen – der Junior im gestärkten Hemd, die Mädchen im Kleid oder Faltenrock. Auch die Mutter legte Kittel oder Schürze ab, wenn gegessen wurde. Hatte sich die Familie am Tisch versammelt bekam der Mann das erste Stück Fleisch, schließlich war er der Haupternährer der Familie. Restaurantbesuche blieben lange den Begüterten vorbehalten, nur zum Vergnügen auswärts essen zu gehen wurde vielerorts für Verschwendung gehalten.

Die Alltagsküche bestand aus simplen, aber schmackhaften Gerichten. Schmalz diente nicht nur als Brotaufstrich, sondern wurde auch der Suppe zugefügt. Kohlgerichte wie Grünkohl galten erst dann als gelungen, wenn sie vor Fett glänzten. Viele Hausfrauen besorgten sich beim Fleischer frischen Flomen, der dann zu Schmalz ausgekocht wurde. Die Fleischbeilage für den gewöhnlichen Werktag bestand oft aus Innereien, Lungenhaschee war ein ebenso beliebtes Gericht wie Berliner Leber mit Stampfkartoffeln und Apfelringen oder Saure Nieren, die in Buttermilch eingelegt wurden. Aus Pfötchen, Wangen und Ohren bestehendes Schweineklein gab alternativ zu Bauchfleisch der Suppe eine gute Grundlage. Gern wurde auch ein Knochen ausgekocht oder die nach dem Schlachten anfallende Wurstbrühe für den Sud verwendet.

An Wochentagen verzichtete die Familie zwar auf die Vorsuppe, Beilagen wie Kartoffeln oder Klöße gehörten jedoch ohne Frage zum Mittag-

essen – wenn nicht ein kräftiger Eintopf unseren Speiseplan bereicherte. Selbstverständlich war auch, die Reste vom Vortag in abgewandelter Form wieder auf den Tisch zu bringen. Kein Gedanke, Essen wegzuwerfen. Gegessen wurde, was auf den Tisch kam, da gab es kein Wenn und Aber. In den Ferien ging es raus aufs Land – nicht um Urlaub zu machen, sondern um bei der Ernte zu helfen. Da frisches Obst nicht ganzjährig verfügbar war, griff Mama zu frühen Nahrungsergänzungsmitteln – der tägliche Löffel Lebertran ist uns noch in Erinnerung, abgelöst von diversen etwas besser schmeckenden Multivitamin-Präparaten.

Mit einer besseren Grundversorgung und steigendem Wohlstand zog ein frischer Wind in Gesellschaft und Küche ein. Der erste Mensch flog ins All, das Atomzeitalter brach an – moderne Zeiten. Buffets und Anrichten wurden gegen neue Einbauküchen eingetauscht, die durch praktische Hängeschränke und integrierte Geräte bestachen. Eine echte Errungenschaft war für viele Familien die Anschaffung eines Kühlschrankes, der die Lagerung von frischen Waren, Fisch und Fleisch ermöglichte. Verfügten noch 1963 nur 52 Prozent der Haushalte über ein Kühlaggregat, waren es 1969 bereits knapp 84 Prozent. Entsprechend schnell stieg der Fleischkonsum: Zwischen 1950 und 1957 nahm der Verbrauch von Rind- und Schweinefleisch um 50 Prozent zu, Geflügel wurde mehr als doppelt so oft gegessen.

Schon in den Kindertagen des Fernsehens gehörten Kochsendungen zum Programm, die dort gegebenen Anregungen für neue Gerichte wurden dankbar aufgegriffen. Im darauf folgenden Reklameblock priesen Firmen Haushaltswaren und Küchenartikel an. Zugleich veränderte sich das Warenangebot gravierend. Noch immer fuhren Milch- oder Bäckerwagen durch Dörfer und abseits gelegene Stadtviertel, um die Grundversorgung sicher zu stellen. Doch Mehl und Zucker wurden nicht mehr wie bislang abgewogen und in Spitztüten verpackt über die Theke des Kaufmanns gereicht, sondern pfund- und kiloweise in die Regale der aufkommenden Supermärkte gestellt. Milch gab es eher in Flaschen, Schläuchen oder gewachsten Papiertüten als lose in die Milchkanne gefüllt.

Das große Angebot an Konserven stellte den Aufwand des Einkochens in Frage. In zunehmendem Maße erweiterte sich das Angebot an Früchten und Gemüse. Während ein regelrechter Boom auf Südfrüchte einsetzte büßten Kartoffeln deutlich an Beliebtheit ein. Milchprodukte wie Fruchtjoghurt und zubereiteter Quark gehörten zum ständigen Sortiment und wurden gern in den Einkaufskorb gelegt. Samstags waren Bäckereien, die nun sogar Rosinenwecken oder Mohnbrötchen anboten, von uns Kindern bevölkert, die wir für das Familienfrühstück einkauften.

Als überkommen angesehene gesellschaftliche Werte wurden in Frage gestellt, statt Dinge so hinzunehmen, wie sie angeboten wurden, nahm man sie selbst in die Hand. Die ersten Heimwerker-Geschäfte eröffneten, zum Renovieren

Jeden Sonntag einen Kuchen - selbstgebacken mit **Backin**

DR. OETKER Backpulver **Backin**

Diesen prächtigen Gugelhupf hat Frau Renate selbst gebacken - wie immer nach einem DR. OETKER-REZEPT

9

oder Tapezieren bestellte man keine Handwerker mehr, sondern machte sich selbst ans Werk. 1963 machte der ‚Selbst ist der Mann'-Sektor bereits einen Jahresumsatz von drei Milliarden D-Mark. Schon zu Beginn der 1960er Jahre wurden vorgefertigte Möbel zum Selberbauen angeboten – als ein schwedisches Möbelhaus 1974 die erste Deutschland-Filiale eröffnete, war das Feld bereits vorbereitet.

Frauen begnügten sich nicht mehr mit ihrer althergebrachten Rolle und wollten nicht mehr auf Kinder und Küche reduziert werden. Berufstätige Mütter gehörten bald zum Alltag, das zusätzlich verdiente Geld wurde für Anschaffungen und ein Stückchen mehr Wohlstand benötigt. Begünstigt wurde diese Entwicklung durch zu günstigen Preisen angebotene Küchengeräte sowie modernes Kochgeschirr – ein Schnellkochtopf verkürzte

die Garzeit immens. Hinzu kam ein vielfältiges Angebot an Fertiggerichten, die das Kochen auf einen minimalen Zeitaufwand reduzierten. Galt beim Nachwuchs nur wenige Jahre zuvor noch selbst gestampfter Kartoffelbrei mit gebräunter Butter und Bratwurst als Favorit avancierten nun Maccheroni mit Tomatensauce oder Fischstäbchen zu neuen Leibgerichten. Allein zwischen 1960 und 1964 sank der Pro-Kopf-Konsum an Kartoffeln um rund zwei Drittel.

Mit dem Wegfall vieler Konventionen blieb auch das gemeinsame Essen nicht länger dem engeren Familienkreis vorbehalten. Mit Freunden zusammen zu sitzen und sich bei einer guten Mahlzeit und einem Glas Wein zu unterhalten stieß vor allem bei jungen Erwachsenen auf großen Zuspruch und wurde zum Ausdruck für Lebensqualität. Die Vielfalt in den Regalen weckte zudem

Lust auf originelle Speisen. Kleine Gerichte kamen in Mode, ein Salat wurde nicht mehr zwangsläufig aus grünen Blättern zubereitet. Neue Kreationen wie Floridasalat mit Hühnerfleisch oder Heringssalat gehörten zur Verköstigung bei Zusammentreffen, Rauchschinken und Avocados machten das Schlemmen leicht. Den Abschluss eines gemeinsamen Mahls bildete häufig eine Käseplatte.

Kamen Gäste ins Haus, wurden Naschereien und etwas zum Knabbern angeboten. Die seit dem Ende der 1950er Jahre nicht weg zu denkenden Salzstangen ergänzte der Gastgeber um Erdnüsse, Kartoffelchips und andere gesalzene Knabbereien. Bald wurde es Usus, auch während des Fernsehabends zu naschen. Schokolade, Erfrischungsstäbchen & Co standen hoch im Kurs. 1968 verzehrten Bundesbürger nahezu 6.000 Tonnen Kartoffelchips und nahmen mit fünf Kilo Schokolade pro Kopf und Jahr eine Spitzenstellung in Europa ein.

Als lieb gewonnene Tradition gehörte der selbst gebackene Kuchen auch weiterhin zum Sonntag. Bevor wir uns aber über Striezel oder Topfkuchen hermachen durften wurde Bewegung verordnet. Der sonntägliche Spaziergang kam in Mode. Statt zu spielen ging es – oft im ersten eigenen Auto – auf einer Fahrt ins Blaue hinaus in die Natur. In Sonntagskleidung natürlich, die wir beim gesitteten Gang durch den Wald nicht schmutzig machen durften. Nach der Rückkehr gab es nicht nur das versprochene Gebäck, sondern auch Kakao für uns Kinder – während sich die Eltern Bohnenkaffee gönnten.

Die vermehrte Möglichkeit, den Urlaub im Ausland zu verbringen brachte neue Einflüsse in die Kochgewohnheiten. Internationale Gerichte wurden am Feriendomizil entdeckt und zu Hause nachgekocht, Zutaten wie Zwiebeln, Knoblauch oder mediterrane Kräuter fanden bald ihren festen Platz im Vorratsschrank. Ob Pizza, Paella oder Cevapcici – die neuen Einflüsse wurden besonders vom Nachwuchs begeistert angenommen. Als sich Tiefkühlkost nicht mehr auf einzelne tischfertige Gemüse beschränkte, sondern komplette Mahlzeiten umfasste, avancierte die tiefgefrorene Pizza zeitweilig zum beliebtesten Produkt der Hersteller von Tiefkühlkost.

Bereits in den 1960er Jahren stieg der Konsum von Fleisch- und Wurstwaren immens an. Zwar war der gute Braten noch immer dem Sonntagstisch vorbehalten, doch kamen auch während der Woche vermehrt Bratwurst- oder Hackfleischgerichte auf den Tisch. Gab es nach der Schule Frikadellen mit Kartoffelsalat, war zumindest unsere kulinarische Welt in Ordnung. Stand Hühnerfrikassee auf dem Herd, galt das nicht mehr als Besonderheit.

Eine Veränderung der Ernährungsgewohnheiten und materieller Wohlstand änderten auch die Akzeptanz, außer Haus zu essen. Kantinen sorgten in größeren Firmen für das Mittagessen der Mitarbeiter – der Henkelmann geriet in Vergessenheit. Viele Schüler nahmen an der verstärkt angebotenen Schulspeisung teil. Imbissbuden schossen aus dem Boden und stillten unterwegs den kleinen Hunger. Bald boten sich ihre Produkte auch als Alternative zum Selberkochen an, die Portion Pommes frites oder das halbe Hähnchen hatten zuerst noch Ausnahmecharakter, gewannen aber zunehmend an Normalität.

Zum festen Sonntagsprogramm gehörte nun der *Internationale Frühschoppen* mit Werner Höfer, der bei Wein und Rauchwaren mit Journalisten aus verschiedenen Ländern und unserem Opa oder Vater auf der anderen Seite der Mattscheibe Tagespolitik erörterte. Während der Mann sich der politischen Bildung widmete, hatten wir Kinder leise zu spielen und die Gattin bereitete das

Mittagessen vor – noch immer galt die Küche als Herrschaftsbereich der Frau. Obwohl die Küchen der Gastronomie traditionell in männlicher Hand lagen, fanden die Herren der Schöpfung erst in den 1960er und 1970er Jahren den Weg an den heimischen Herd. Zu diesem Zeitpunkt waren übrigens viele Küchen bereits mit Geschirrspülmaschinen ausgestattet.

Die Supermärkte vergrößerten ihre Verkaufsflächen, der kleine Einkaufsladen in der Siedlung gehörte zunehmend der Vergangenheit an. Die Zeiten des Anschreibenlassens waren vorbei, Rabattmarken kamen und gingen. Frisches Obst und Gemüse aus Europa lag nun ganzjährig im Regal. Exotische Früchte bereicherten das Angebot, und Fruchtsaftgetränke wurden als gesunde Alternative zu Limonade angesehen. Nach den kalorienreichen 1960er Jahren achtete man mehr auf Inhaltsstoffe und Verträglichkeit, auf dem Trimm-Dich-Pfad schmolz der Wohlstandsspeck. Die ersten Abenteuerspielplätze wurden eingerichtet, längst durfte nicht nur die Jugend in normaler Straßenkleidung am Tisch sitzen – selbst sonntags.

Mit einem veränderten Freizeitverhalten und steigender Mobilität waren gemeinsam eingenommene Mahlzeiten keine Selbstverständlichkeit mehr. Wenn aber die ganze Familie am Mittagstisch zusammen kam probierte man gern etwas Neues aus. Im kulinarischen Bereich begann die Zeit der Experimente. 1972 wurde in Frankreich die ‚Nouvelle Cuisine' propagiert, statt schwerer Hausmannskost kamen auch für uns immer öfter leicht bekömmliche Gerichte auf den Tisch.

Der Römertopf bot sich als Alternative zur klassischen Auflaufform an. Toastvariationen ersetzten zu besonderen Gelegenheiten die belegten Brote zum Abendessen, in Rezepten tauchten bislang fremde Zutaten auf. Ob Huhn mit Kiwis oder Sojasprossen zum Hackbraten – vieles haben wir probiert, nicht alles überdauerte die Zeit. Verschiedenste Diäten und Ratgeber für fettarmes Kochen wechselten einander in schneller Folge ab, doch nicht jeder Modetrend stieß beim Nachwuchs auf Gegenliebe. ‚Was auf den Teller kommt, wird gegessen' hatte nicht länger Bestand – während sich die Eltern einen Reis- oder Rohkosttag gönnten stand für die Kinder ein Alternativgericht auf dem Tisch.
Abends oder am Wochenende auswärts essen zu gehen wurde zur Bereicherung des Alltags. Man gönnte sich gern etwas außer der Reihe, ging zum Italiener oder Jugoslawen, probierte das neue China-Restaurant aus. Besonders beliebt bei Kindern jeder Altersklasse war und ist bis heute der Ausflug ins Eiscafé.

Es gibt Geschmacksnoten, die niemand von uns vergisst. Jeder erinnert sich sofort an Dinge, die in unserer Kindheit so furchtbar lecker waren: Der Geschmack von Schokoladenpudding (ohne Haut, sonntags), Spaghetti mit frischer Tomatensauce (im Sonnenschein auf der Terrasse, im

Urlaub) oder Jägerschnitzel (riesengroß, in Sauce ertränkt, aus der Pommesbude) liegt sofort wieder auf der Zunge. Jede Zeit hatte ihre Highlights: Die 1950er und 1960er Jahre mit deftig-kräftiger Hausmannskost oder grandiosen Kalorienbomben – eine Zeit, in der neue Elektrogeräte noch wussten, was Frauen wünschen; die 1970er und 1980er mit manch kreativ-verwegener Deko-Idee und exotischen Zutaten. Es sind jedoch unverwüstliche Klassiker wie Pommes und Bockwurst, Frikadellen, Kartoffelsalat, Hühnerfrikassee oder Grießbrei, auf Familienfesten als Gipfel der Geselligkeit oder in der Geborgenheit der Küche gereicht, deren geschmackliche Vorzüge Generationen und Regionen übergreifend unvergessen bleiben.

Eines jedenfalls ist allen Gerichten bis heute gemeinsam: Sie mach(t)en uns glücklich.

Kleine Gerichte

Von der Zwischenmahlzeit zum Party-Snack

Um den kleinen Hunger zu stillen bedurfte es nicht zwangsläufig einer kompletten Mahlzeit, kleine Gerichte eigneten sich als Brotzeit oder schnell zubereitetes Mittagessen. Zu den Klassikern gehörten Kartoffelgerichte – ein aus Bratkartoffeln, Speck und Eiern bestehendes Bauernfrühstück erfreute sich ebenso großer Beliebtheit wie Pellkartoffeln mit Quark. Strammer Max, gebratener Leberkäse oder auch eine Gulaschsuppe galten lange Zeit als schmackhafte Zwischenmahlzeit. Einen Aufbruch zu neuen Geschmackserlebnissen stellten die 1960er Jahre

dar. Wir Kinder waren begeistert, wenn Kartoffelpuffer mit Apfelmus auf dem Tisch standen. Neben Eierspeisen wie Omelett bereitete man verstärkt kalte Gerichte zu, die auf Partys gern im Rahmen eines Kalten Büffets zu einer Auswahl kombiniert wurden. Raffinierte Salate standen neben gefüllten Tomaten, Pilzen und Paprika hoch im Kurs, gern griff der Gast auch zu Spargelröllchen und Tatar. Noch bis in die 1970er Jahre hinein stillten mit Käse überbackene Snacks wie der legendäre Toast Hawaii den kleinen Hunger.

Fernsehen

Die Welt hält Einzug in deutsche Wohnzimmer

Der Not der Nachkriegszeit folgte der Aufbruch in eine neue Zeit, das Fernsehen brachte die Welt in die gute Stube und wurde zum Sinnbild für Wohlstand und Fortschritt. Im Dezember 1952 gingen die ersten Fernsehprogramme in West und Ost auf Sendung, nur wenige Hundert Teilnehmer wurden zu Zeitzeugen der Geburtsstunde einer neuen Ära. Und bewegte Bilder brachten uns Kultur und Nachrichten näher, als es zuvor das Radio vermocht hatte. Obwohl ein Fernseher in der Anfangzeit mit einem Preis von 1.000 Mark volle zwei Monatslöhne kostete, war das Luxussymbol heiß begehrt: Bereits 1955 gab es im Bundesgebiet 100.000 Geräte, zwei Jahre später schon eine Million. Als im April 1963 das ZDF als Alternativprogramm eingerichtet wurde, schauten schon über sechs Millionen Deutsche fern.
Anfangs standen die Geräte in der Eckkneipe, regelmäßiger Treffpunkt vieler Sport„experten",

die die Ereignisse nun auch im bewegten Bild erleben wollten. Zügig hielt die Flimmerkiste Einzug in deutsche Wohnzimmer, oft untergebracht in einem zu den anderen Möbeln – mehr oder weniger – passenden repräsentativen Fernsehschrank. Unterhaltung wurde groß geschrieben, die Stars der ersten Stunde waren Peter Frankenfeld in Großkariert und Hans-Joachim Kuhlenkampf mit Butler Jente, Robert Lembke ließ das Sparschwein klingeln.

Allmählich lösten Serien und Krimis die Übertragungen von Tanzturnieren und Theateraufführungen ab. Die Durbridge-Krimis lockten bis zu 20 Millionen Menschen vor die Fernseher, Serien wie *Bonanza, Daktari* und *Raumschiff Enterprise* genossen Kultstatus, diese Sendezeiten waren uns heilig. Erst recht, nachdem ab 1967 der Farbfernseher Einzug hielt. Das Programm wurde länger und bunter, schon am Vormittag vermittelte das Schulfernsehen Wissen für den Nachwuchs. Das Kinderprogramm beschränkte sich nicht mehr auf animierte Puppen, sondern schenkte uns Helden wie Flipper und Fury. Einer Revolution glichen Bildungs- und Aufklärungssendungen à la *Rappelkiste* und *Sesamstraße*, die ab den 1970ern auf das richtige Leben vorbereiten sollten. Die Ungerechtigkeit der Welt lastete zu vorgeschrittener Zeit auf unseren Schultern: Nach dem Sandmännchen oder Schweinchen Dick mussten wir ins Bett, der Tagesschau folgte das Abendprogramm. Und erst dann wurde es doch erst wirklich spannend: Schon vor dem ersten *Tatort* jagten Gangster über den Schirm, ab 1967 wurden sie dort auch in Eduard Zimmermanns *XY Ungelöst* verfolgt. Und andere durften viiiel länger aufbleiben … Mit dem Fernseher hielt eine neue Konsumkultur Einzug in die guten Stuben. Noch in den 1960ern zog man sich festlich an, wenn Theater oder Oper übertragen wurden – dann war man ganz nah dabei. Später warfen wir leger auf dem modernen Ausziehsofa platziert einen Blick in die Welt. Auf dem Couchtisch standen Salzstangen in mit Bast umwobenen Gläsern oder Knusperfische und Erdnüsse in dafür vorgesehenen bunten Keramikgefäßen. Der Lust auf Salziges folgte das Verlangen nach Süßem wie Erfrischungsstäbchen und Pfefferminzplätzchen.

Bereits in den Anfangszeiten der Flimmerkiste gehörten Kochsendungen zum Programm. Clemens Wilmenrod, Deutschlands erster Fernsehkoch, machte zur besten Sendezeit Lust auf phantasievolle Leckereien wie *Arabisches Reiterfleisch* oder *Kapuzinertopf* zum Nachkochen. „Alles frisch" war noch nicht die Devise, und so wurden die Insignien der Moderne in Form von Fertigsuppen, Dosengemüse und Ketchup ausgiebig zur Zubereitung verwendet. Das Publikum nahm die Anregungen dankbar auf – auch wenn nur wenige Jahre nach Ende des Krieges vielerorts die Küche noch karg war.

Später zeigten uns Horst Scharfenberg mit seinem *Koch Club* und Fernsehkoch Hans Karl Adam, wie man mit Leichtigkeit Köstliches aus Herd und Backofen zaubert. Vico Torriani, immerhin gelernter Koch, gab in seinen Shows so manchen Küchentipp und Heinz Schenk machte den Äppelwoi salonfähig. Neben seinen Kochsendungen erlangte Ulrich Klever mit unzähligen Kochbüchern Berühmtheit. Nicht zu vergessen Kurt Drummer, der 25 Jahre lang im Deutschen Fernsehfunk für mehr Vielfalt in der Küche sorgte.

Toast Hawaii

Für 4 Portionen
8 Scheiben Toast
8 Tl Butter
8 Scheiben gekochter
Schinken
8 Scheiben Ananas
(aus der Dose)
8 Scheiben würziger
Schmelzkäse
8 rote Cocktailkirschen

Zubereitungszeit 15 Minuten
Pro Portion ca.
313 kcal/1313 kJ
35 g E · 13 g F · 13 g KH

Den Backofengrill auf 180 °C vorheizen. Den Toast im Toaster toasten, abkühlen lassen und mit Butter bestreichen, dann mit einer Schinkenscheibe belegen. Darauf eine Ananasscheibe legen und im Backofen (oder unter dem Grill) angrillen. Auf die Ananasscheibe eine Käsescheibe legen und im Backofen (oder unter dem Grill) schmelzen und leicht anbräunen lassen.
Mit der Cocktailkirsche garnieren und sofort servieren.

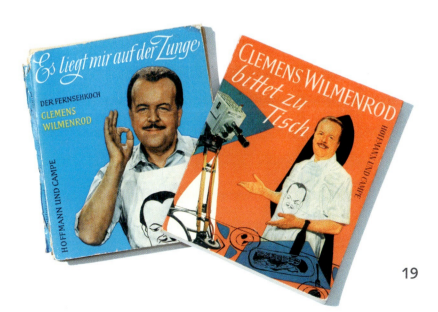

Spargelröllchen

Für 4 Portionen

1,2 kg weißer Spargel
(bzw. 24 Stangen)

Salz

3 El Butter

1 Prise Zucker

8 Scheiben gekochter
Schinken

125 ml trockener Weißwein

Pfeffer

Muskat

2 El Crème fraîche

Zubereitungszeit ca. 40 Minuten
(plus Garzeit)
Pro Portion ca. 313 kcal/1313 kJ
35 g E · 13 g F · 13 g KH

Den Spargel waschen und schälen. In kochendem Salzwasser mit 1 El Butter und etwas Zucker in etwa 15 Minuten bissfest garen. Den gekochten Spargel vorsichtig aus dem Topf nehmen und abtropfen lassen. Spargelsud aufbewahren. Jeweils 3 Stangen Spargel in eine Scheibe Schinken rollen. Die restliche Butter in einer Pfanne zerlassen und die Spargelröllchen von allen Seiten anbraten. Anschließend die Röllchen aus der Pfanne nehmen. Den Bratfond mit Wein und etwas Spargelsud ablöschen und mit Salz, Pfeffer und Muskat abschmecken. 3 Minuten köcheln lassen. Dann die Crème fraîche unterrühren.

Wenn du eine Familie hast, die dich liebt, ein paar gute Freunde, gutes Essen auf deinem Tisch und ein Dach über dem Kopf, dann bist du reicher als du denkst.

Fliegenpilz-Tomaten

Für 4 Portionen

4 runde Tomaten

200 g Gemüse-, Reis- oder
Fleischsalat

40 g Mayonnaise
(aus der Tube)

1 Kistchen Kresse

Zubereitungszeit ca. 10 Minuten
Pro Portion ca. 111 kcal/466 kJ
2 g E · 9 g F · 4 g KH

Die Tomaten waschen und trocken reiben. Die Seite mit dem
Stielansatz etwas abflachen und dabei den Stielansatz entfernen.
Den oberen Deckel abschneiden.

Die Tomaten mit einem Löffel vorsichtig entkernen und mit
Gemüse-, Reis- oder Fleischsalat füllen.

Die Tomatendeckel auf die gefüllten Tomaten setzen und mit
Mayonnaise die typischen Punkte auf den Deckel tupfen.

Die Kresse vom Beet schneiden und abbrausen. Kresse und
Fliegenpilz-Tomaten auf einem Brett anrichten.

Russische Eier

Für 4 Portionen
4 große Eier
½ kleiner Apfel
1 kleine Zwiebel
20 g weiche Butter
½ El Zitronensaft
½ El Mayonnaise
4 Stängel Dill
Salz
Pfeffer
20 g Forellenkaviar

Zubereitungszeit ca. 20 Minuten
(plus Kochzeit)
Pro Portion ca. 181 kcal/760 kJ
9 g E · 13 g F · 6 g KH

Die Eier hart kochen, abschrecken und abkühlen lassen, anschließend vorsichtig pellen und der Länge nach halbieren. Die Apfelhälfte schälen, vom Kerngehäuse befreien und in winzige Würfel schneiden. Die Zwiebel schälen und sehr fein hacken.

Die Eigelbe mit einem Teelöffel vorsichtig aus den Eihälften herauslösen. Mit der weichen Butter, dem Zitronensaft, der Mayonnaise und den Zwiebelwürfeln fein pürieren. Die Apfelwürfel hinzugeben und unterheben.

Den Dill waschen, trocken schütteln, die Blättchen abzupfen und klein hacken. Anschließend ebenfalls zur Eigelbmasse geben und unterheben. Die Eimasse mit Salz und Pfeffer abschmecken. Anschließend in einen Spritzbeutel geben und in die Eihälften füllen. Die gefüllten Eier mit etwas Forellenkaviar garniert servieren.

Wenn Oma früher gekocht hat: Es gibt Salat. Und als Beilage Schnitzel, Spätzle, Kartoffelsalat, Rouladen, Knödel, Milchreis und Kuchen.

Waldorfsalat

Für 4 Portionen
400 g Sellerie
2 Äpfel
Saft von 2 Zitronen
200 g saure Sahne
4 Scheiben Ananas
(aus der Dose)
2 El gehackte Walnüsse

Zubereitungszeit ca. 15 Minuten
Pro Portion ca. 156 kcal /655 kJ
ca. 4 g E · 9 g F · 15 g KH

Den Sellerie schälen, halbieren und in kochendem Wasser etwa 5 Minuten blanchieren, dann reiben. Die Äpfel schälen, entkernen und das Fruchtfleisch in Stifte schneiden. Den Zitronensaft mit der sauren Sahne verrühren, Sellerie und Apfel unterheben und mit Salz und Pfeffer würzen. Die Ananasscheiben in Würfel schneiden und mit den frisch gehackten Walnüssen über den Salat geben.

Käseigel

Für einen Igel
1 unbehandelte Orange
oder Birne
300 g Schnittkäsesorten
(Gouda, Cheddar, Emmentaler,
Bergkäse, Butterkäse, Mozzarella)
weiße Weintrauben
blaue Weintrauben
Erdbeeren
Physalis
Honigmelone

Zahnstocher

Zubereitungszeit ca. 15 Minuten

Die unbehandelte Orange oder Birne heiß waschen, trocknen und unten etwas abschneiden, sodass die Standfestigkeit erhöht wird.
Den Käse in kleine Würfel schneiden. Ausreichend Zahnstocher mit Käsewürfeln und Früchten bestücken und die Orange oder Birne damit verzieren.

Familienfeste

Reich gedeckte Tafeln zu besonderen Anlässen

Man soll die Feste feiern, wie sie fallen, heißt es, und über lange Zeit wurde diesem Motto alle Ehre gemacht. Ob Geburtstag, Namenstag oder Taufe, ob Hochzeitstag oder die Aufnahme in den Kreis der Kirche – zu besonderen Anlässen versammelte sich die gesamte Sippe. Das Oberhaupt der Familie saß am Kopf der Tafel, an der sich Onkel, Tanten und Großeltern niedergelassen hatten. Geschniegelt in Anzug oder Kostüm, die Kinder im gestärkten Hemd und mit Gummiband-Krawatte oder mit Kleid, weißer Strumpfhose und Riemchensandalen fein gemacht. Reichte der Platz am Esstisch nicht aus, wurde dem Nachwuchs der ‚Katzentisch' zugewiesen. Der hatte meist eine kindgerechte Höhe und versprach – da wir uns ja unbeobachtet wähnten – einen deutlich höheren Spaßfaktor.

Wenn am späten Vormittag die Gäste kamen, war bereits mit dem guten Geschirr und Silberbesteck auf der für solche Anlässe reservierten Damast-Tischdecke eingedeckt. Stoffservietten in gravierten Metallringen lagen akkurat an ihrem Platz. Pünktlich um zwölf Uhr brachte die Hausfrau die Vorsuppe auf den Tisch. In Zeiten leerer Speisekammern durfte diese einen Extralöffel Schmalz beinhalten, um den ersten Hunger der Gäste zu stillen – erst recht, wenn der folgende Braten klein ausfiel. Kartoffeln oder Spätzle zum Hauptgang waren obligatorisch, ebenso die Schüsseln mit dem Gemüse. Ob es Rosenkohl, Rotkraut, Spargel oder Erbsen und Möhren gab, hing von der Saison und Mutters Vorrat an Eingemachtem ab. In den Porzellan-Saucieren befanden sich dunkle Bratensaucen oder helle Mehlschwitzen.

Ganz gleich, wie sparsam gewirtschaftet werden musste – die auf die Tafel gebrachten Mengen bemaß man reichlich. Niemand sollte hungrig bleiben – auch wenn kurz darauf schon wieder Buttercreme-Torten und Unmengen selbst gebackener Kuchen angeschnitten wurden. Noch in den 1950ern bereitete manche Hausfrau ganze Bleche mit Streusel- oder Zuckerkuchen selbst vor und ließ diese vom nahe gelegenen Bäcker backen.

Zum Abendessen tischte sie kalte Speisen auf. Auf großen Silberplatten lagen unterschiedlich belegte Schnittchen, erst mit Gurkenscheiben, später auch mit kleinen Maiskolben oder Silberzwiebeln garniert. Gern nahmen die Erwachsenen aus besonderem Anlass ein Glas Sekt oder auch zwei. Allein zwischen 1955 und 1960 stieg der Sektkonsum von 27,9 auf 69 Millionen Flaschen an.

Einladung

Kraftbrühe mit Markklößchen

Rinderbraten in Burgundersoße
Schweinelende mit Champignons
Soße Hollandaise überbacken

Hirschkalbsteak in Wildrahmsoße
Preiselbeeren, gefüllte Birne

Hausmacher Spätzle
Kartoffelkroketten, Pommes frites
Gemüseplatte
verschiedene Salate

Gemischtes Eis

J H S

1. Kommunion

Als sich in den 1960er Jahren die Konventionen lockerten, verzichteten viele Familien auf den gemeinsamen Mittagstisch. Zugegeben, das war für uns am Sonntag auch eine willkommene Gelegenheit, ordentlich lange auszuschlafen. Käse- oder Sahnekuchen und Obsttorten versüßten den ausgedehnten Plausch am Nachmittag, abends ersetzten Nudel- und Kartoffelsalat die

belegten Brote. Die Bekleidung wurde legerer, der Rollkragenpullover für den Mann von Welt oder der Hosenanzug für die moderne Frau entsprachen der aktuellen Mode. Für uns Kinder wandelten sich die Zusammenkünfte zu aufregenden Veranstaltungen, auf denen es viel zu entdecken gab. Verloren die mit Salzstangen verzierten Mett-Igel ihren Reiz, galt es, die Partyspieße aus einem kleinen Stück Käse und einer Weintraube oder Tomate zu probieren. Unsere fröhliche Mantscherei mit den Bestandteilen ging im Getümmel unter oder wurde in heiterer Stimmung geflissentlich übersehen.

Auch die Beschränkung auf den Kreis der Familie fiel zusehends, Freunde und Nachbarn wurden zu gern gesehenen Gästen. Häufig lud man die Verwandtschaft bereits zum gemeinsamen Kaffeetrinken ein, neben selbstgebackenen Kuchen tauchten immer häufiger in der Konditorei gekaufte Sahnestücke auf. Butterkuchen oder Hefegebäck galt bereits als zu alltäglich. Am Abend wurde mit allen gefeiert. In bunten Schüsseln und auf Etageren drapiert luden Knabbereien wie Salzstangen, Erdnussflips und Kartoffelchips, aber auch Schokoladenstücke und Erfrischungsstäbchen zum Zugreifen ein. Mit einer heißen Gulaschsuppe zu später Stunde traf man den Geschmack der Gäste bestimmt – ebenso mit den in Mode kommenden Käseplatten.

Mettigel

Für einen Igel
500 g gewürztes Schweinemett
Salatblätter
2 schwarze Oliven ohne Stein
1 Cocktailtomate
4 Zwiebeln
Petersilienblätter
zum Dekorieren

Aus dem Mett eine Igelform bilden, die Schnauze vorne
spitz zulaufen lassen. Salatblätter auf einer Platte auslegen und
den Igel daraufsetzen. Die Oliven als Augen, die Cocktailtomate
als Näschen in den Igel setzen.
Zwiebeln schälen und in Ringe schneiden. Einige Ringe halbieren
und als Stacheln in den Igel setzen. Die restlichen Ringe als Dekoration auf der Platte verteilen, ebenso die Petersilie.

Zubereitungszeit ca. 15 Minuten
Pro Portion ca. 335 kcal/1403 kJ
23 g E · 26 g F · 2 g KH

Reissalat

Für 4 Portionen

200 g Reismischung mit Wildreis

300 g Cocktailtomaten

1 gelbe Paprikaschote

1 Bund Frühlingszwiebeln

120 g mittelalter Gouda

1 Avocado

½ Bund gehackte Petersilie

4 – 6 El Sojaöl

Saft von 1 Zitrone

Salz, Pfeffer

Zubereitungszeit ca. 20 Min.
Pro Portion 475 kcal
ca. 13 g E · 27 g F · 43 g KH

Reismischung nach Packungsanweisung garen. Abgießen, abtropfen und abkühlen lassen.

Cocktailtomaten vierteln, Paprikaschote putzen, waschen und würfeln, Frühlingszwiebeln in Ringe schneiden. Den Gouda fein würfeln. Avocado schälen, den Kern entfernen und das Fruchtfleisch klein schneiden.

Alle Gemüsezutaten mit Käse, Reis und der gehackten Petersilie in einer Schüssel mischen.

Mit einem Dressing aus Sojaöl, Zitronensaft, Salz und Pfeffer begießen und 30 Minuten zum Durchziehen kühl stellen.

Erneut abschmecken.

Weißer Reis ist der am häufigsten verwendete Reis in der Küche. Die Reiskörner werden dafür geschält, geschliffen und poliert. Dadurch gehen die meisten Nährstoffe unter der Schale wie Magnesium, Zink, Eisen und Ballaststoffe verloren. Wird der Reis vor dem Schleifen eingeweicht und mit Dampfdruck behandelt (parboiled), werden die Nährstoffe ins Innere des Korns gepresst, sodass sie beim Schleifen nicht verloren gehen.

Püfferkes

Für 4 Portionen
500 g Mehl
1 Päckchen Backpulver
5 Eier
1 Päckchen Vanillezucker
250 g Zucker
½ El Salz
ca. 200 ml Milch
125 g Rosinen
Öl oder Butterschmalz zum
Backen

Zubereitungszeit 10 Minuten
(plus Backzeit)
Pro Portion ca. 923 kcal/3877 kJ
24 g E · 12 g F · 175 g KH

Das Mehl in eine Schüssel geben und das Backpulver darunter mischen. Die Eier, Vanillezucker, Zucker und Salz hinzufügen und alles mit so viel Milch verrühren, dass ein dickflüssiger Teig entsteht. Die Rosinen darunter heben.

Etwas Öl oder Butterschmalz in einer Pfanne erhitzen und den Teig mit einem Esslöffel portionsweise in die Pfanne geben. Bei mittlerer Hitze zu etwa handtellergroßen fingerdicken Püfferchen backen.

Die kleinen Puffer von beiden Seiten goldgelb backen, herausnehmen und warm halten. Die Püfferkes warm mit etwas Butter bestrichen servieren.

Dampfnudeln

Für 4 Portionen
250 g Mehl
125 ml Milch
20 g Hefe
80 g Zucker
80 g Butter
1 Ei
etwas abgeriebene Schale von
1 unbehandelten Zitrone
Salz
150 g Pflaumen
Vanillesauce zum Servieren

Zubereitungszeit ca. 45 Minuten
(plus Zeit zum Gehen)
Pro Portion ca. 513 kcal/2153 kJ
17 g E · 23 g F · 59 g KH

Das Mehl in eine Schüssel geben. Die Milch erwärmen. Die Hefe mit der Hälfte der Milch und dem Zucker verrühren. In das Mehl eine Mulde drücken und die Hefemilch hineinschütten. Zugedeckt an einem warmen Ort etwa 20 Minuten gehen lassen. 70 g Butter mit dem Ei, der Zitronenschale, dem Salz und der restlichen Milch zum Hefeteig geben und alles zu einem geschmeidigen Teig verkneten, bis dieser Blasen wirft. Aus dem Teig Klöße formen und unter einem Tuch weitere 20 Minuten gehen lassen.

In einen Bräter etwa 1 cm hoch Wasser einfüllen. Restliche Butter, je 1 Prise Salz und Zucker zugeben und aufkochen lassen. Die aufgegangenen Dampfnudeln hineinsetzen und zuerst bei mittlerer, dann bei geringer Temperatur etwa 20 Minuten bei geschlossenem Deckel ziehen lassen.

Nach 20 Minuten sollten die Dampfnudeln an der Unterseite goldbraun sein. Deckel schnell abnehmen, sodass keine Wassertropfen auf die Nudeln fallen. Dampfnudeln aus dem Bräter nehmen und mit einer Gabel aufreißen. Die Pflaumen fein würfeln, in die Dampfnudeln geben und mit Vanillesauce servieren.

Erdbeer-Kefir-Cornflakes

Für 4 Portionen

450 g Erdbeeren

4 El Zucker

450 ml fettarmer Kefir

12 El Cornflakes

Zubereitungszeit ca. 5 Minuten
Pro Portion ca. 208 kcal/954 kJ
7 g E · 3 g F · 36 g KH

Die Erdbeeren waschen, putzen und in Viertel schneiden.
Mit dem Zucker mischen. Den Kefir über die Erdbeeren gießen.
Mit Cornflakes bestreuen und sofort servieren, sonst verlieren
die Cornflakes ihre Knusprigkeit.

Reklame

Schöne bunte Werbewelt

In Pastelltönen priesen die ganzseitigen Anzeigen in den Illustrierten neue Produkte an, auf Hauswänden standen Werbesprüche für Benzin, Bier oder Backpulver. Im Kino wurde zwischen Vorfilm und Eiskonfekt für Produkte des täglichen Bedarfs geworben. Sendungen im Radio und auf der Mattscheibe dagegen waren reklamefrei, erst 1956 wurde die erste Fernsehwerbung ausgestrahlt. Mit Beppo Brehm und Liesl Karlstadt in den Hauptrollen ging die Reklame für Persil als erster TV-Werbespot der Bundesrepublik in die Geschichte ein. Unter den ersten Firmen, die sich des jungen Mediums Fernsehen bedienten war auch die Firma Dr. Oetker, die Backhilfen für die moderne Hausfrau propagierte.

Die frühen Werbespots waren noch im Stil von Kurzfilmen gehalten, kurze Episoden setzten den Wert der Ware in Szene. Gerne in Reimform gehalten, doch auch als Produktschau mit einer eindringlich aufklärenden Stimme aus dem Hintergrund. Mit Revue- oder Ballet-Inszenierungen wurde für Autos und für Margarine geworben. Bleichen Kindern sollte Rotbäckchen-Saft zu mehr Lebensfreude verhelfen, der Sarotti-Mohr machte Schokoladenträume wahr. Zu unserem Liebling avancierte der knuffige Bär aus der Bärenmarke-Werbung, der mit der Milchkanne in der Pfote fröhlich von der Alm herunter winkte.

Das zweite Fernsehprogramm wurde zum Favoriten des Nachwuchses – schließlich geleiteten hier Edi, Det und die anderen vier Mainzelmännchen durch den Werbeblock. Held der Kindheit war auch Bruno, der ewige Pechvogel aus der HB-Werbung. In gut 500 Cartoons ging er zwischen 1957 und dem Ende der Zigarettenwerbung 1972 in die Luft, 96 Prozent der Bevölkerung kannten ihn. Frau Antje machte holländischen Käse bekannt und lieferte gleich das Rezept für Toast Hawaii mit. Einen Gutteil der Sendezeit machte Reklame für Alkohol und Zigaretten aus. Manch eines von uns Kindern war davon überzeugt, dass ein Mann nur Feuer,

Pfeife und Stanwell brauchte und der Duft der großen weiten Welt in einer Packung Peter Stuyvesant steckt. Wenn einem Gutes widerfuhr, war das einen Asbach Uralt wert. Wenigstens Haushaltsgeräte wussten noch, was Frauen wünschen.

Groß dimensionierte Werbetafeln ersetzten die Litfasssäulen an den Straßen, im Fernsehen wurde auch die Reklame bunt und freizügiger. Wenn Fa mit der wilden Frische von Limonen warb, wurde viel weibliche Haut gezeigt, die Seife sah man erst zum Schluss. Zeichentrickfiguren wie der Hustinetten-Bär zogen die Sympathien auf sich, frühlingsfrische Pril-Blumen klebten auf den Schulheften. Produktinformation stand hinter der heilen, bunten Werbewelt zurück, die vermehrt auf schöne Menschen als auf Alltagssituationen setzte. Dafür gab es subtile Schützenhilfe beim Schreiben des Einkaufszettels: War Milch nicht das Allheilmittel gegen Maroditis? Beinhaltete Kinder Schokolade nicht mehr Milch als Kakao? Welche Mutter konnte

sich dieser Argumentation entziehen? Und wenn das ganze Fußballstadion fragte: "Was wollt ihr denn?" gab es nur eine Antwort.

Einen persönlichen Bezug zum Produkt vermittelten Prominente aus Film und Fernsehen, die für die verschiedensten Artikel warben. Ob Peter Frankenfeld Parfüm anpries oder Henry Vahl vom Ohnsorg Theater mit Ata putzte, ob Rudi Carell mit Mondamin backte, Käfer fuhr und für Edeka sang – Werbung blieb in Erinnerung. Erst recht, wenn griffige Slogans einen Bezug zum Alltag schufen. Vaters altem Wagen half der Tiger im Tank auf die Sprünge, Mutter kaufte Zahncreme von Colgate, denn der Zahnarzt hatte gar nicht gebohrt. Die forsche Klementine fand ebenso schnell ihre Fangemeinde wie Herr Kaiser, der Weiße Wirbelwind oder Meister Proper hätten gerne in der Tür stehen dürfen statt nur im Fernsehen ihre Kunststücke zu zeigen. Und Generationen übergreifend waren sich alle einig, was Kinder froh machte und Erwachsene ebenso.

Suppen

Von der Hausmannskost zum Partygericht

Eine kräftige Hühner- oder Gulaschsuppe gehörte als Vorspeise bis in die 1960er Jahre hinein unbedingt zu unserem Sonntagsessen, Eintopfgerichte bereicherten regelmäßig den Speiseplan. Bei herzhaften Suppen und Eintöpfen war die Verwendung von Kartoffeln und Kohl sowie Hülsenfrüchten, die bereits am Abend zuvor zum Weichen in Wasser eingelegt wurden, üblich. Eine kräftige Einlage, z.B. Würstchen, oder Beigaben wie Omas Eierstich oder diverse Klößchen garantierten Sättigung. Statt Bauchfleisch beizufügen kochte man häufig die Knochen aus. Schließlich war Samstag, und wir mussten schnell und gründlich satt werden: Der Wagen und wir Kinder mussten in einer im Vergleich zu heute aufwendigen Prozedur noch abgewaschen werden, und um 18.00 h kam schon die Sportschau für Vati.

Das vielfältiger werdende Warenangebot verdrängte die Suppe allmählich vom Spitzenplatz der Hausmannskost. Ihrer Beliebtheit als Herbst- oder Wintermahlzeit tat das jedoch keinen Abbruch. Zubereitet wurden Suppen vermehrt unter Verwendung von Konserven und Tiefkühlgemüse. Die wachsende Offenheit für fremde Einflüsse bescherte der Suppe eine Renaissance. Raffiniert abgeschmeckte Bouillabaisse, französische Zwiebelsuppe, aber auch Minestrone und Fischsuppe avancierten in den 1970ern zu beliebten Partygerichten

Omas altes Hausmittel erzielt bis heute fulminante Erfolge im Kampf gegen die Erkältung: Die Inhaltsstoffe der Hühnersuppe können entzündungshemmend wirken, weil sie die Beweglichkeit der Abwehrzellen einschränken. Heiße Flüssigkeit hält Schleimhäute feucht und lassen Sekrete besser abließen. Heiße Dämpfe erhöhen die Temperatur in den Atemwegen, und Erkältungsviren vermehren sich nicht so schnell.

Hühnersuppe

Für 4 Portionen
1 kleines küchenfertiges
Suppenhuhn (ca. 1,5 kg)
Salz
1 Bund Suppengrün
2 Lorbeerblätter
5 Pfefferkörner
3 Möhren
250 g Erbsen (aus der Dose)
200 g Suppennudeln
Pfeffer
½ Bund glatte Petersilie

Zubereitungszeit ca. 30 Minuten
(plus Garzeit)
Pro Portion ca. 882 kcal/3704 kJ
58 g E · 52 g F · 43 g KH

Das Huhn waschen und in einen großen Topf geben. Mit Wasser bedecken, salzen. Aufkochen lassen, den Schaum abschöpfen. Das Suppengrün putzen, waschen, nach Bedarf schälen und würfeln. Das Gemüse mit Lorbeerblättern und Pfefferkörnern zum Huhn geben und alles etwa 1 Stunde 30 Minuten kochen.

Das Huhn aus der Suppe nehmen, abkühlen lassen, das Fleisch von Haut und Knochen lösen und in Würfel schneiden. Die Brühe durch ein Sieb gießen.

Die Möhren schälen und in dünne Stifte schneiden. Die Erbsen abtropfen lassen. Die Möhren in der Suppe etwa 5 Minuten köcheln, dann Erbsen und Nudeln zugeben und weitere 5 Minuten garen. Das Hühnerfleisch in die Suppe geben und mit Salz und Pfeffer abschmecken. Die Petersilie waschen, trocken schütteln und hacken. Die Suppe damit garnieren und servieren.

Kartoffelsuppe

Für 4 Portionen

1 kg Kartoffeln

2 Bund Suppengrün

2 l Gemüsebrühe

2 Zwiebeln

1 El Butter

250 ml saure Sahne

Salz

frisch gemahlener Pfeffer

2 El frisch gehackte Petersilie

Zubereitungszeit ca. 40 Minuten
(plus Garzeit)
Pro Portion ca. 240 kcal/1005 kJ
6 g E · 9 g F · 31 g KH

Die Kartoffeln waschen, schälen und in Würfel schneiden.
Das Suppengrün putzen, waschen, Sellerie und Möhren schälen,
das Gemüse klein schneiden. Kartoffeln mit Gemüse in der Gemüsebrühe etwa 25 Minuten garen. Dann die Suppe durch ein
Sieb streichen oder pürieren.

Zwiebeln schälen und würfeln. In der heißen Butter goldbraun
schmoren. Zwiebeln in die Suppe geben, die saure Sahne unterrühren. Mit Salz und Pfeffer abschmecken und mit Petersilie
bestreut servieren.

Champignoncremesuppe

Für 4 Portionen

500 g Champignons

1 Schalotte

1 Lauchstange

1 El Butter

3 El Mehl

750 ml Gemüsebrühe

200 ml Milch

200 ml Sahne

Salz

Pfeffer

2 El frisch gehackte Petersilie

Zubereitungszeit ca. 20 Minuten
(plus Schmor- und Kochzeit)
Pro Portion ca. 116 kcal/487 kJ
6 g E · 6 g F · 8 g KH

Die Pilze putzen, feucht abreiben und in Scheiben schneiden. Die Schalotte schälen und fein hacken. Den Lauch putzen, waschen und in dünne Ringe schneiden. Die Butter in einem Topf erhitzen und die Schalotte darin glasig dünsten. Den Lauch zugeben und 2 Minuten mitschmoren.

Dann die Pilze zugeben und 5 Minuten schmoren. Den Topf vom Herd nehmen, die Pilze mit 1 El Mehl bestäuben und mitrösten. Brühe und Milch angießen, den Topf wieder auf den Herd stellen und die Suppe etwa 10 Minuten köcheln lassen. Dabei öfter umrühren.

Die Sahne mit dem restlichen Mehl verquirlen und die Suppe damit unter Rühren andicken, anschließend weitere 5 Minuten köcheln.

Die Suppe pürieren und mit Salz und Pfeffer abschmecken. Vor dem Servieren mit dem Stabmixer schaumig aufschlagen. Mit Petersilie bestreut servieren.

Erbsensuppe

Für 4 Portionen

200 g getrocknete Schälerbsen
1 Stange Porree
1 Möhre
1 Zwiebel
1 Stück Sellerie
250 g durchwachsener Speck
300 g Kartoffeln
1,5 l Fleischbrühe
Salz
Pfeffer
1 Tl Majoran
500 g Blutwurst

Zubereitungszeit ca. 20 Minuten
(plus Einweich- und Kochzeit)
Pro Portion ca. 855 kcal/3591 kJ
45 g E · 59 g F · 37 g KH

Die Erbsen am Vorabend in viel kaltem Wasser einweichen.
Am nächsten Tag abgießen und abtropfen lassen. Das Gemüse
putzen, waschen und klein schneiden. Den Speck klein würfeln.
Die Kartoffeln schälen, waschen und klein würfeln.
Die Brühe erhitzen und die abgetropften Erbsen darin etwa
45 Minuten kochen lassen, anschließend alle anderen Zutaten
bis auf Speck und Zwiebeln hineingeben und weitere 15 Minuten
kochen lassen.
Inzwischen den Speck in einer Pfanne kross ausbraten, die fein
gewürfelte Zwiebel zugeben und glasig dünsten. Alles zur Suppe
geben. Die Suppe mit Salz, Pfeffer und Majoran abschmecken
und mit gebratener Blutwurst servieren.

Wenn es aus der Küche lecker duftet, dann steht jemand in der Küche und schuftet.

Linsensuppe

Für 4 Portionen
250 g Linsen
1 kg Rinderknochen
1 Bund Suppengemüse
2 Gewürznelken
1 Lorbeerblatt
1 mittelgroße Zwiebel
3 El Mehl
Salz
Pfeffer
250 g magerer Schinken
5 El Butter
5 El Paniermehl

Zubereitungszeit ca. 25 Minuten
(plus Garzeit)
Pro Portion ca. 370 kcal/1554 kJ
29 g E · 10 g F · 40 g KH

Die Linsen waschen und über Nacht in kaltem Wasser einweichen.

Rinderknochen waschen, Suppengemüse putzen, waschen und klein schneiden. Rinderknochen und Gemüse in einem Topf mit 1,5 l Wasser zum Kochen bringen. Nelken und Lorbeerblatt dazugeben und alles etwa 1 Stunde kochen. Anschließend die Brühe durch ein Sieb in einen Topf gießen.

Die Linsen abschütten und mit dem Kartoffelstampfer zerdrücken. In die heiße Brühe geben. Zwiebel schälen und würfeln, zu den Linsen geben. Mehl in etwas Wasser anrühren und in die kochende Suppe geben. Unter Rühren andicken lassen und mit Salz und Pfeffer würzen.

Den Schinken fein würfeln und in einer Pfanne kurz anbraten. Die Butter in der Pfanne schmelzen und das Paniermehl darin anrösten. Die Linsensuppe auf Teller verteilen und mit gebratenen Schinkenwürfeln und Paniermehl bestreut servieren.

Graupensuppe

Für 4 Portionen
50 g geräucherter Speck
40 g Butter
1 Möhre
½ Sellerie
2 Kartoffeln
1 kleine Lauchstange
50 g Perlgraupen
1 l Fleischbrühe
½ Bund Liebstöckel
1 Thymianzweig
Salz, Pfeffer
Apfelessig
150 g Fleischwurst
1 El frisch
gehackte Petersilie

Zubereitungszeit ca. 30 Minuten
(plus Garzeit)
Pro Portion ca. 232 kcal/975 kJ
10 g E · 16 g F · 11 g KH

Den Speck in kleine Würfel schneiden. Die Butter in einem Topf erhitzen und die Speckwürfel darin anrösten.

Möhre, Sellerie und Kartoffeln schälen und in Würfel schneiden. Den Lauch putzen, gründlich waschen und in Ringe schneiden. Das Gemüse zum Speck geben und unter Rühren kurz mitschmoren. Die Graupen waschen, abtropfen lassen und zum Gemüse geben. Nochmals durchrühren und die Brühe angießen.

Liebstöckel und Thymian waschen und hinzufügen. Die Suppe etwa 25 Minuten leicht köcheln lassen. Dann die Kräuter herausnehmen. Die Suppe mit Salz, Pfeffer und Essig nach Belieben abschmecken.

Die Fleischwurst in Scheiben oder Würfel schneiden und in der Suppe erwärmen. Die Suppe mit Petersilie bestreut servieren.

Reizthemen in der Küche

Woran sich die Geister schieden

‚Was der Bauer nicht kennt, das (fr)isst er nicht' heißt es – doch galt das Sprichwort nicht nur für die Landbevölkerung. Bis in die 1960er Jahre hinein wurde an der traditionellen Zubereitung der Speisen festgehalten, Neues wurde abwartend betrachtet. Auf den Tisch kam, was regional angebaut wurde, als Beilagen dominierten im Norden Kartoffeln, in Hessen Nudeln und im Schwabenland Spätzle. Beilage, Gemüse und Fleisch wurden separat serviert – rheinisches Durcheinander oder Labskaus galten in vielen Teilen Deutschlands nicht als salonfähig. Zwiebelkuchen – im Süden ein Traditionsgericht – stieß im Norden auf Zurückhaltung: Ein Kuchen, der nicht süß schmeckt? Wo gibt es denn so etwas ...

Die regionalen Geschmäcker glichen sich mit der Zeit ein wenig an, Exotisches aus fremden Ländern aber brauchte lange bis zur allgemeinen Akzeptanz. Selbst Pizza – für die Einen der Genuss des Südens, für die Anderen nur ein Teigfladen mit Tomaten – schied die Geister. Erst recht Gewürze, denn gekocht wurde mit Pfeffer und Salz. Ansonsten beschränkte man sich auf die im Garten wachsenden Küchenkräuter, in der Suppe durfte das Lorbeerblatt nicht fehlen. Kräuter der Provence und Oregano, aber auch Curry und Paprika stießen auf ebenso begeisterte Zustimmung wie Ablehnung.

Die Frage, wie viele Zwiebeln ein Gericht verträgt, spaltete Familien. In einer Zeit, als ‚Kümmeltürken' und ‚Knoblauchfresser' für schlichtere

Gemüter eine unangenehm fremde Lebensart symbolisierten, beschloss mancher, dass ihm Kümmel nicht schmecke und Knoblauch Bauchgrimmen auslöse – auch, wenn er es nie probiert hatte. Ähnliche Diskussionen lösten die süßsauren Gerichte aus, die in den aufkommenden China-Restaurants auf der Speisekarte standen. Entweder süß oder aber sauer war legitim, doch die Kombination galt als Tabu. Wer sich trotzdem auf derlei Geschmackserlebnisse einließ riskierte, dass das Umfeld an seinem Geschmack und Verstand gleichermaßen zweifelte.

Der Wandel der Zeit brachte einen frischen Wind in die Küchen, der von der aufgeschlosseneren jungen Generation begeisterter aufgenommen wurde als von Älteren. Haltbare Konserven waren überall erhältlich und stellten das bisherige aufwendige Einkochen von Gemüse in Frage. Zudem die begehrten Neubauwohnungen weder über Speisekammern noch über kühle Keller verfügten. Ähnliche Diskussionen entfachte später die Frage, in welchem Maße Tiefkühlkost zu vertreten sei.

Die ersten Backmischungen – damals noch komplett und nur mit Wasser anzurühren – stießen bei den Käuferinnen auf so massive Ablehnung, dass sie wieder aus dem Sortiment verschwanden. Ein ähnliches Schicksal hätte womöglich auch Fertiggerichte getroffen, wenn sie bei uns Kindern nicht auf ebensolche massive Begeisterung gestoßen wären.

Miracoli stach die Eigenkreationen mancher Mütter aus und avancierte bei vielen Kindern zum Lieblingsgericht. Die Frage aber, wo und mit wie viel Ketchup eine Geschmacksverfeinerung legitim sei, sorgte für Generationenkonflikte. War das bunte Wassereis im dünnen Plastikschlauch nicht die leckerste Erfrischung im Sommer? Nein, sagte die Mutter, für die der Inhalt nur Wasser mit billigem Farbstoff und Kunstaroma war. Und wieder flossen die Tränen.

Doch auch herkömmliche Gerichte wurden kritisch beäugt. Hatte die Großmutter den Steckrübenwinter im ersten Weltkrieg miterlebt, kam die Kohlrübe nur selten auf den Tisch. Selbst ohne Steckrüben und Schwarzwurzeln stand Omas Küche im Vergleich mit Schnellgerichten bei uns nicht hoch im Kurs. Kochen mit Schmalz geriet in Misskredit und stand in Zeiten zunehmenden Diätbewusstseins und Trimm-Dich-Bewegung auf verlorenem Posten. Pferde wurden zum romantischen Traum vieler Mädchen – unvorstellbar, Fury oder Mister Ed sonntags als Gulasch oder Roulade wieder zu sehen.

Hauptgerichte

Aus Quantität wird Qualität

Traditionelle Gerichte mit regionalem Einschlag dominierten in den 1950er Jahren die Kost, satt werden stand vor Raffinesse. Auf den Teller kamen einfache Mahlzeiten – der Jahreszeit entsprechende Gemüse wurden mit Kartoffeln oder Klößen als Beilage serviert. Fleisch, etwa als Roulade oder Hackbraten angerichtet, stand nicht jeden Tag auf dem Speiseplan.

Ein größeres Nahrungssortiment und bessere Kühlmöglichkeiten ließen in den Jahren darauf die Mahlzeiten üppiger und ausgefallener werden. Moderne Haushaltsgeräte und Errungenschaften wie der Schnellkochtopf verkürzten die Zubereitungszeit, internationale Gerichte auf Nudel- und Reisbasis, aber auch Fischrezepte wurden bald so beliebt wie bewährte Hausmannskost.

Dem aufkommenden Kalorienbewusstsein der 1970er Jahre entsprach der Trend zu leichten Mahlzeiten, die ‚Nouvelle Cuisine‘ hielt auch in deutschen Küchen Einzug. Gegrilltes stand ebenso hoch im Kurs wie Gerichte aus dem Römertopf, und zunehmend griff man zum Abschmecken zu exotischen Kräutern und Gewürzen.

Kathedralen der Köstlichkeiten

Vom Imbiss zum Genusstempel

Natürlich unterschied sich eine Bratwurst ‚auf die Faust' nicht wesentlich von der, die von der Mutter in der heimischen Pfanne gebraten wurde. Und doch war sie etwas ganz Besonderes für uns. Garniert mit einer Scheibe Brot und einem Klecks Senf rückte sie allerdings nur dann in Reichweite, wenn sich die Familie auf Reisen befand und die in Pergamentpapier eingewickelten Butterbrote bereits aufgegessen waren. Oder auf dem Jahrmarkt bzw. der Kirmes, wo kleine Holzbuden zum Imbiss zwischendurch einluden. Alternativ zur Brühwurst, die in überdimensionalen Töpfen siedete, gehörte die Bratwurst zu den ersten Verlockungen, die ab den späten 1950er Jahren im Schnellimbiss angeboten wurde. Der war als echte Pommes-Bude oder Grillstube mehr und mehr in festen Ladenlokalen mit gekachelten Wänden, spartanischer Ausstattung und von Ausdünstungen nicht mehr so ganz transparenter Fensterscheibe angesiedelt. Verlockend war der „gemütliche" Geruch, der uns entgegenwehte, und es schmeckte auch sooo viel besser als bei Mutti! Auch Reibekuchen und Frikadellen standen auf der mit Kreide beschrifteten Schiefertafel, die als Speisekarte ausreichte. Genügte uns das im Preis enthaltene Brot nicht, bestellten wir Kartoffelsalat, der ebenso wie der später ins Menü aufgenommene Nudelsalat mit dicker, fettiger Mayonnaise angemacht war. Pommes frites kamen in Mode, die mit Holz- oder bunten Plastikgabeln (sie erschienen unendlich kostbar, man konnte sie sauberlutschen, verwahren und für welchen Zweck auch immer sammeln!) in Ketchup oder Mayonnaise ertränkt wurden. Unser Glück komplett machte die Currywurst, allein das Geräusch der Wurstschneidemaschine ließ das Wasser im Mund zusammenlaufen.

Selbst wenn das Geld zum Ausgehen in feine Restaurants noch fehlte, gönnte man sich zunehmend, andere kochen zu lassen. Hähnchenwagen wurden im Westen und Broilerbuden im Osten ebenso geliebt wie nach Geschmack bewertet. Vor allem in Städten wuchs die Zahl der festen und mobilen Imbissstände explosionsartig. Arbeiter gönnten sich hier eine Auszeit vom Kantinenessen, ab den späten 1960ern besorgte sich hier die wachsende Anzahl der Schlüsselkinder ihr Mittagessen. Dort aßen nach herkömmlicher Meinung natürlich nur Kinder in Not, um die sich – insgeheim zuweilen beneidet – niemand kümmerte und bei denen zu Hause nicht ‚ordentlich' gekocht wurde.

Sollte es etwas feiner zugehen, gingen wir ins Schnellrestaurant: „Heute bleibt die Küche kalt, wir gehen in den *Wienerwald*" wurde zur Parole, viele Heranwachsende erlebten hier erstmals die „feine" Küche – und dass man sich nach dem Essen im mit Zitronenwasser gefüllten Schälchen die Finger säuberte. Neben den knusprigen Brathühnern machte auch Fisch Furore. Nach der Eröffnung des ersten NORD-SEE-Restaurants im Jahr 1964 gab es zwei Jahre darauf schon 25 Filialen, bis 1974 war die Kette auf 100 Läden angewachsen. Ob Rollmops oder tellerfertiger Bratfisch – wer hier einkehrte, konnte sich der Küste ganz nah fühlen. Und das, ohne auf Gräten zu stoßen, was die Beliebtheit bei Kindern deutlich steigerte.

Je „normaler" exotische Gerichte wurden, um so mehr stellte sich auch die Gastronomie darauf ein. Vor allem in Regionen mit hohem ‚Gastarbeiter'-Anteil fanden sich bis dahin unbekannte Gerichte. Auf der unfassbar großen, mittlerweile über dem Kochbereich befindlichen Anzeigetafel tauchte Djuwetsch-Reis mit Gemüse auf, ebenso pikant wie bunt. Bei der Frage „Was möchtest du denn haben?" gerieten wir regelmäßig in innere Aufregung und hofften inständig auf Hilfe der „Großen" – wie sollte, wie konnte man so schnell eine Auswahl aus der unübersehbaren Vielfalt an Köstlichkeiten treffen, die man entweder a) gern alle gehabt hätte oder b) nicht einzuschätzen wusste oder vielleicht nicht mochte? Statt Frikadellen gab es gut gewürzte Hackfleischröllchen namens Cevapcici. Die ersten Gyrosgrills drehten sich, als Beigabe wurden Krautsalat und Zaziki offeriert. Machte das nicht Lust darauf, selbst irgendwann zu sehen, ob die Akropolis so aussah wie auf dem Plakat an der Wand?

Wem Pommes-Bude oder Imbiss noch nicht international genug waren, der versuchte doch noch, einen Restaurantbesuch durchzusetzen. Eine richtige Pizza Margherita in einem italienischen Lokal galt als preisgünstiges Vergnügen, auch als es noch keinen regulären Lieferservice gab. Die ganze Exotik Asiens dagegen boten uns China-Restaurants mit ihrem fremdartigen Mobiliar und den seltsamen Bildern und Schriftzeichen an den Wänden. Auch wenn das Eintauchen in diese fremde Welt nur eine Frühlingsrolle lang andauern sollte ...

Frikadellen mit Kartoffelsalat

Für 4 Portionen

800 g fest kochende
Kartoffeln

60 g durchwachsener Speck

2 Zwiebeln

350 ml Fleischbrühe

2 El Weinessig

4 El Sonnenblumenöl

Salz, Pfeffer

3 El Schnittlauchröllchen

100 ml Milch

2 Brötchen vom Vortag

½ Bund Petersilie

500 g gemischtes Hackfleisch

2 Eier

3 El Pflanzenöl

1 Tl scharfer Senf

Muskatnuss

Majoran

Zubereitungszeit ca. 50 Minuten
(plus Zeit zum Ziehen)
Pro Portion ca. 810 kcal/3402 kJ
38 g E · 53 g F · 46 g KH

Kartoffeln gründlich waschen und in kochendem Wasser
20 Minuten garen, abgießen, abkühlen lassen, schälen und in
Scheiben schneiden. Speck fein würfeln, 1 Zwiebel schälen und
fein hacken. Speckwürfel in einer Pfanne auslassen und die
Zwiebel darin glasig dünsten.

Die Brühe erhitzen und in einer Schüssel mit Weinessig, Sonnenblumenöl, Salz und Pfeffer vermischen. Kartoffelscheiben, Zwiebeln
und Speck damit vermischen. Salat mindestens 30 Minuten
durchziehen lassen. Anschließend Schnittlauch darunter heben.
Milch erwärmen und die Brötchen darin 15 Minuten ziehen
lassen, ausdrücken. Restliche Zwiebel schälen und fein hacken.
Petersilie waschen, trocken schütteln und klein hacken.
Hackfleisch in eine Schüssel geben und mit Brötchen, Petersilie
und Eiern vermischen. 1 El Pflanzenöl erhitzen und die Zwiebeln
darin andünsten, anschließend ebenfalls zu der Fleischmasse
geben. Alles mit Senf, Salz, Pfeffer, frisch geriebener Muskatnuss
und Majoran zu einem glatten Teig verkneten.
Aus dem Teig mit nassen Händen kleine Fleischbällchen formen.
Restliches Öl in einer Pfanne erhitzen und die Fleischbällchen
darin goldbraun braten. Frikadellen dekorativ anrichten und mit
dem Kartoffelsalat servieren.

Falscher Hase

Für 4 Portionen

1 altbackenes Brötchen

250 g Rinderhack

250 g Schweinehack

100 g Speck

2 Zwiebeln

1 Möhre

1 Ei

1 Tl getrockneter Majoran

1 El gehackte frische Petersilie

1 Tl Senf

200 g Sahne

1 El Mehl

Salz, Pfeffer

Zubereitungszeit ca. 25 Minuten
(plus Garzeit)
Pro Portion ca. 518 kcal/2174 kJ
31 g E · 39 g F · 11 g KH

Das Brötchen in warmem Wasser einweichen. Die beiden Hackfleischsorten miteinander mischen, den Speck würfeln. Die Zwiebeln schälen und hacken. Die Möhre waschen und reiben. Den Backofen auf 180 °C (Umluft 160 °C) vorheizen. Das Brötchen gut ausdrücken und mit Hackfleisch, Speck, Zwiebeln, Möhre und Ei in einer Schüssel gut vermengen. Die Kräuter und den Senf unterheben. Den Teig zu einem länglichen Laib formen und in die Fettpfanne setzen. 250 ml Wasser angießen und den Braten etwa 30 Minuten garen. Während des Garens mehrmals mit dem Wasser übergießen.

Anschließend den Braten auf einer vorgewärmten Platte warm halten. Den Bratensatz mit etwas Wasser loskochen. Die Sahne mit Mehl verrühren, angießen und etwas einkochen lassen. Die Sauce mit Salz und Pfeffer abschmecken. Den Falschen Hasen in Scheiben schneiden und mit der Sauce servieren. Dazu passen Erbsen.

Hauptgerichte

Cevapcici mit Zaziki

Für 4 Portionen

½ Salatgurke

Salz

4 Knoblauchzehen

250 g Quark (20% Fett)

150 g Joghurt

1 El fein gehackte Petersilie

¼ Tl Pfeffer

1 Zwiebel

1 rote und grüne Paprikaschote

600 g Rinderhackfleisch

3 El Olivenöl

1 Tl Paprikapulver

Zubereitungszeit ca. 1 Stunde
Pro Portion ca. 432 kcal/1814 kJ
40 g E · 26 g F · 8 g KH

Die Gurke waschen, schälen und fein raspeln. Mit Salz bestreuen und 15 Minuten stehen lassen. Danach die Gurkenraspel ausdrücken.

Inzwischen die Knoblauchzehen schälen und fein hacken. Quark, Joghurt und 1 fein gehackte Knoblauchzehe zusammen mit den Gurkenraspeln in einer Schüssel verrühren. Das Ganze mit Petersilie, Salz und Pfeffer abschmecken.

Für die Cevapcici die Zwiebel schälen und sehr fein hacken. Die Paprikaschoten waschen, trocken tupfen, putzen und der Länge nach vierteln, entkernen und in Streifen schneiden.

Das Rinderhackfleisch zusammen mit dem restlichen Knoblauch, Salz, Pfeffer und Paprikapulver zu einem Teig verkneten. Aus dem Fleischteig mit angefeuchteten Händen etwa fingerlange, 2 cm dicke Würste formen. Die Cevapcici nebeneinander auf einen Teller legen, abdecken und im Kühlschrank 30 Minuten durchziehen lassen.

Das Öl in einer beschichteten Pfanne erhitzen. Die Cevapcici darin unter mehrmaligem Wenden von allen Seiten etwa 5 Minuten braten.

Die Zwiebelwürfel auf den Cevapcici verteilen, das Ganze mit Paprikastreifen garnieren und mit Paprikapulver leicht bestäuben. Das Zaziki dazu servieren.

Ich glaube, ich bin total altmodisch. Ich steh total darauf, wenn Leute kochen können, Gewürze kennen und Essen genießen, und nicht alles beim Lieferdienst bestellen.

Königsberger Klopse

Für 4 Portionen

1 altbackenes Brötchen
2 kleine Zwiebeln
600 g gemischtes Hackfleisch
3 Eier
Salz
Pfeffer
4 Sardellen (aus dem Glas)
50 g Butter
40 g Mehl
50 g Kapern
Saft von ½ Zitrone
1 Prise Zucker
100 ml Sahne

Zubereitungszeit ca. 20 Minuten
(plus Garzeit)
Pro Portion ca. 595 kcal/2499 kJ
37 g E · 41 g F · 20 g KH

Brötchen in warmem Wasser einweichen. Zwiebeln schälen und hacken. Das Hackfleisch mit dem ausgedrückten Brötchen, den Zwiebeln und 1 Ei mischen und mit Salz und Pfeffer würzen. Sardellen gut abspülen und fein hacken. Zum Fleisch geben und aus allen Zutaten einen homogenen Teig kneten.

In einem Topf Salzwasser zum Kochen bringen. Aus dem Teig Klopse formen und im Wasser etwa 20 Minuten garen.

Butter in einem Topf schmelzen und das Mehl dazusieben. Unter Rühren eine Mehlschwitze herstellen und mit Kochwasser von den Klopsen ablöschen, bis eine sämige Sauce entstanden ist.

Die Sauce etwa 10 Minuten köcheln, dann die Kapern einrühren und mit Zitrone, Salz, Pfeffer und Zucker abschmecken.

Die restlichen Eier trennen und die Eigelbe mit der Sahne verquirlen. Zur Sauce geben. Die Klopse in der Kapernsauce servieren. Dazu Reis oder Kartoffeln reichen.

Ich bin der glücklichste Mensch auf der Welt, wenn ich koche.

Gefüllte Paprika

Für 4 Portionen

4 große gelbe Paprikaschoten

1 Zwiebel

1 Knoblauchzehe

2 El Butter

1 El frisch gehackter Majoran

150 g durchwachsener Speck

300 g gemischtes Hackfleisch

1 Ei

50 g Paniermehl

Salz, Pfeffer

1 Tl scharfer Senf

200 ml Gemüsebrühe

2 El Mehl

125 ml pürierte Tomaten

1 El frisch gehacktes Basilikum

Zubereitungszeit ca. 30 Minuten
(plus Schmor- und Backzeit)
Pro Portion ca. 530 kcal/2226 kJ
32 g E · 21 g F · 53 g KH

Von den Paprikaschoten oben einen Deckel abschneiden. Die Schoten von Kernen befreien und waschen. Zwiebeln und Knoblauch schälen und hacken. Butter in einer Pfanne erhitzen und je 1 Zwiebel und Knoblauchzehe darin andünsten. Majoran kurz mitschmoren.

Speck würfeln. Mit der Pfannenmischung in einer Schüssel verrühren. Hackfleisch, Ei, Paniermehl, Salz, Pfeffer und Senf zugeben und daraus eine homogene Masse herstellen. Den Backofen auf 180 °C (Umluft 160 °C) vorheizen.

Die Hackfleischmasse in die Paprikaschoten füllen, die Paprikadeckel auflegen. Die Schoten in eine Auflaufform setzen, die Brühe angießen und etwa 30 Minuten backen. Aus der Form nehmen, Flüssigkeit mit Mehl binden. Tomatenpüree einrühren, aufkochen und abschmecken. Basilikum unterheben. Zu den Paprika servieren. Dazu passen Reis oder Reisnudeln.

Chili con carne

Für 4 Portionen

250 g rote Bohnen

1,5 l Fleischbrühe

1 Zwiebel

1 Knoblauchzehe

2 El Butterschmalz

500 g Rinderhackfleisch

Salz, Pfeffer

1 Tl Chilipulver

1 El edelsüßer Paprika

250 g Tomaten

½ El Speisestärke

Zubereitungszeit ca. 20 Minuten
(plus Einweich-, Schmor-, und
Garzeit)
Pro Portion ca. 355 kcal/1491 kJ
32 g E · 21 g F · 10 g KH

Die Bohnen waschen und über Nacht in 1 l Wasser einweichen.
Dann in der Brühe etwa 1 Stunde garen.

Zwiebel und Knoblauchzehe schälen und hacken. Butterschmalz
in einer Pfanne erhitzen und Zwiebel mit Knoblauch darin
andünsten. Hackfleisch hinzufügen und krümelig braten. Die
Bohnen zur Hackfleischmischung geben.

Die Tomaten mit Saft in den Eintopf geben und alles weitere
30 Minuten garen. Abschmecken und nach Bedarf die Flüssigkeit mit in Wasser angerührter Speisestärke binden. Dazu passen
Brötchen.

Kultgetränke

... und ewig lockt die Cola

Rahmig floss die frische Milch in die Kanne aus Aluminium. Der Kaufmann an der Ecke verkaufte sie noch lose, auch wenn in den ersten Kühlregalen schon Glasflaschen gleichen Inhalts standen. Nach dem Einkauf wieder zu Hause angekommen gab es gleich ein Glas voll. Milch machte müde Männer munter und war das beliebteste nichtalkoholische Getränk. Ein elektrischer Mixer ließ die Herstellung von Erdbeer- oder Bananenmilch zur Minutensache werden. Noch einfacher wurde die Verfeinerung durch Kakaopulver, das schon gesüßt war. Ob nun *Kaba* oder *Nesquik* besser schmeckte, darüber stritten wir kleinen Genießer auf dem Schulhof. In der großen Pause bot der Hausmeister tetraederförmige Milch- und Kakaotüten an – der seitlich an diese ersten Tetra Paks geklebte Strohhalm erleichterte das Trinken.

Als Alternative für daheim bot sich Tee an. Hagebutten- oder Pfefferminztee standen frisch aufgebrüht zum Abendessen auf unserem Tisch, an heißen Tagen löschte er in gekühlter Form den Durst. Nachdem ab 1957 Früchtetees in Einmal-Beuteln auf den Markt kamen, entwickelten sich diese zum klassischen Kindergetränk.

Machte unsere Familie einen Ausflug, wurde der Durst bei der Einkehr in eine Gastwirtschaft mit Fassbrause gestillt, die in manchen Regionen noch bis in die 1970er Jahre hinein ausgeschenkt wurde. Ebenfalls besonderen Anlässen vorbehalten war der Genuss von Limonade. Andächtig tranken wir in kleinen Schlucken

Appetit und Kraft:

unsere *Sinalco* oder *Bluna* und warfen doch einen neidischen Blick auf den Nebentisch, wo *Cola* serviert wurde. Die galt als nicht gesund für Kinder – entsprechend häufig wurde sie von Jugendlichen bestellt. Um so reizvoller erschien das fast schwarze Getränk, die einzigartige Form der *Coca Cola*-Flasche steigerte das Gefühl, es müsse sich um etwas ganz Besonderes handeln.

Statt dessen stand immer öfter Himbeer- oder Waldmeistersirup im Kühlschrank. Zuckersüß und frei dosierbar machte er aus jedem Glas Wasser ein Fruchtgetränk, das den kleinen Getränkebeuteln mit *Capri-Sonne* kaum nachstand. Für Variationen sorgten die Flaschen mit ebenso süßem wie klebrigem Sirup, der unter der Bezeichnung *TriTop* die unsere Kinderherzen höher schlagen ließ.

Deutlich erwachsener aber fühlte es sich mit einer Getränkedose in der Hand an. Ab 1963

bot *Coca Cola* in Deutschland die ersten
Drittel-Liter-Dosen an, die Mitbewerber folgten
schnell. Beim Öffnen war Vorsicht angezeigt,
spritzte der unter Druck stehende Inhalt nach
dem Herausreißen der Lasche doch plötzlich in
hohem Bogen heraus. Erst ab 1974 ließ sich der
Verschluss einfach herein drücken – bis dahin
hatten wir auch gelernt, die Dose vorher nicht
zu schütteln.

Bier war für Kinder tabu – auch wenn die
Erwachsenen gern zu einer Flasche Export oder
im Sommer zu einem Glas Berliner Weiße mit
Schuss griffen. Der Schuss bestand aus der
Zugabe von Waldmeister- oder Himbeersirup,
serviert wurde es in bauchigen Gläsern, die auch
einen mittelgroßen Eisbecher hätten aufneh-
men können. Ebenfalls nur riechen durfte der
Nachwuchs am Rumtopf, der bereits im Herbst
mit frischen Früchten angesetzt wurde, um im
darauf folgenden Jahr die Stimmung im Party-
keller zu heben.

Als zu Beginn der 1970er Jahre eine Flut von
exotischem Obst den Markt überschwemmte
begann die Zeit der Fruchtsäfte. Vorbei war die

alleinige Wahl zwischen Orangen- und Apfelsaft
– nun gab es auch Fruchtsaftgetränke in den
Geschmacksrichtungen Ananas oder Pfirsich-
Maracuja für uns. Zum Sommerhit entwickelte
sich Eistee mit Zitrone oder Pfirsicharoma. Gemeinsam mit Freunden besannen sich nicht nur
junge Latzhosenträger zudem wieder auf die
alten Tugenden des Tees. Der Duft aromatisier-
ter Teesorten wie Vanille oder Kirsch zog durch
das Haus und brachte den eigenen Geschmack
des Nachwuchses zum Ausdruck.

Erst wenn Rauchschwaden durch den Garten in Nachbars Richtung ziehen ist wirklich Sommer! So viele Möglichkeiten, die Holzkohle zu entzünden und die Glut zu entfachen, so viele Möglichkeiten, sich die Finger zu verbrennen. Wir dürfen draußen sitzen, mit den Fingern essen und mit viel Sauce kleckern. Es duftet nach Würstchen, Ferien und ein bisschen nach Abenteuer.

Nürnberger Rostbratwürste

Für 4 Portionen

24 kleine rohe Bratwürste

3 El Butterschmalz

250 ml Milch

Zubereitungszeit ca. 10 Minuten
(plus Koch- und Bratzeit)
Pro Portion ca. 540 kcal/2268 kJ
32 g E · 45 g F · 3 g KH

In einem großen Topf etwa 2 l Wasser zum Kochen bringen. Die Bratwürste in das nicht mehr kochende Wasser geben und bei geringer Temperatur ziehen lassen, bis sie sich fest anfühlen.
Die Würste aus dem Wasser holen und gut abtropfen lassen oder mit Küchenpapier trocken reiben.
Das Butterschmalz in einer Pfanne erhitzen. Die Bratwürste kurz in die kalte Milch tauchen und im heißen Fett knusprig braun braten. Rostbratwürste mit Meerrettich oder zu Sauerkraut und Kartoffelpüree servieren.

Pommes und Bockwurst

Für 4 Portionen
6 große Kartoffeln
ca. 500 g Frittierfett
(je nach Größe der Fritteuse)
Salz
4 Bockwürste

Zubereitungszeit ca. 15 Minuten
(plus Frittierzeit)
Pro Portion ca. 547 kcal/2257 kJ
30 g E · 18 g F · 62 g KH

Die Fritteuse vorheizen und das Frittierfett zum Schmelzen bringen. Die Kartoffeln schälen, waschen und in Spalten oder Streifen schneiden.

In der Fritteuse bei 160 °C ca. 10 Minuten vorgaren, herausnehmen. In ein großes Sieb oder eine Schüssel Küchenpapier legen und die Pommes frites darauf abtropfen lassen.

Bei 180 °C ca. 3–5 Minuten knusprig und goldbraun frittieren. Nochmals auf Küchenpapier abtropfen lassen, in eine Schüssel geben und nach Geschmack würzen.

Dazu eine knackige Bockwurst reichen, Senf und Saucen bereit stellen.

Die Bock- oder Brühwurst wird aus Rind-, Schwein und Kalbfleisch unter Verwendung von Salz, Pfeffer und Gewürzen hergestellt, in Därme eingeführt, dann heiß geräuchert und gebrüht. Zum Genuss der Wurst, die bereits Ende des 19. Jahrhunderts in Berlin erfunden wurde, wurde Bockbier gereicht. Die Bockwurst galt als besonders feines Gericht, da sie nur kredenzt wurde, wenn im Vorfeld von Feiertagen geschlachtet wurde.

"Jeder isst so viel er kann, nur nicht seinen Nebenmann!" Der einzige Ernährungstipp, den ich konsequent seit meiner Kindheit befolge.

Leber mit Äpfeln und Zwiebeln

Für 4 Portionen

2 Gemüsezwiebeln

2 Äpfel

100 g Mehl

Salz

Pfeffer

3 El Butterschmalz

4 Scheiben Bauchspeck

4 Scheiben Kalbsleber

(à 125 g)

Zubereitungszeit ca. 25 Minuten (plus Bratzeit)
Pro Portion ca. 373 kcal/1565 kJ
29 g E · 14 g F · 33 g KH

Die Zwiebeln schälen und in Ringe schneiden. Die Äpfel schälen, von den Kerngehäusen befreien und in Scheiben schneiden.

Das Mehl in einen Teller geben und mit Salz und Pfeffer mischen.

1 El Butterschmalz in einer Pfanne erhitzen und die Speckscheiben darin knusprig braten. Herausnehmen.

Die Leber in dem gewürzten Mehl wenden und im Fett von beiden Seiten je 5 Minuten braten. In einer zweiten Pfanne das restliche Fett erhitzen und die Apfelscheiben darin dünsten.

Aus der Pfanne nehmen und die Zwiebeln im selben Fett glasig schmoren.

Die Leber mit Apfel- und Zwiebelringen bedecken, auf Teller verteilen und mit Speckscheiben belegen. Dazu Kartoffelbrei servieren.

Rheinischer Sauerbraten

Für 4 Portionen
1 kg Rindfleisch aus der Keule
oder Schulter
250 ml Essig
1 Lorbeerblatt
5 Pfefferkörner
½ Tl Senfkörner
1 Zwiebel
60 g Fett
250 ml Fleischbrühe
2 El Rotwein
50 g Printen oder Lebkuchen
1 El Mehl
80 ml Sahne
40 g Rosinen
Salz, Zucker

Zubereitungszeit ca. 20 Minuten
(plus Marinier- und Bratzeit)
Pro Portion ca. 585 kcal/2457 kJ
52 g E · 33 g F · 18 g KH

Das Fleisch in eine Schüssel geben. Den Essig und 250 ml Wasser vermischen, Lorbeerblatt und Gewürzkörner dazugeben. Zwiebel schälen und klein gehackt dazugeben. Das Fleisch 3 Tage an einem kühlen Ort marinieren lassen, ab und zu wenden.
Fleisch herausnehmen und abtrocknen. Das Fett erhitzen und das Fleisch darin 15 Minuten anbraten. Die Fleischbrühe, den Rotwein und etwa 100 ml Marinade hinzugießen, zugedeckt 1 Stunde garen. Die Printen oder Lebkuchen fein zerbröckeln und 10 Minuten mitschmoren. Fleisch herausnehmen und warm halten.
Bratenfond durchpassieren und aufkochen. Das Mehl mit der Sahne verquirlen, hinzugeben und 5 Minuten kochen lassen. Die Rosinen zufügen. Die Sauce mit Salz und Zucker abschmecken. Zu Sauerbraten schmecken Apfelkompott und Kartoffelklöße.

Labskaus

Für 4 Portionen
800 g Pökelfleisch
1 Lorbeerblatt
5 Pfefferkörner
1 kg Kartoffeln
500 g Zwiebeln
etwas Schmalz
4 Matjesfilets
4 Gwürzgurken
500 g eingelegte Rote Bete
4 Spiegeleier
4 Rollmöpse

Zubereitungszeit ca. 30 Minuten
(plus Kochzeit)
Pro Portion ca. 883 kcal/3707 kJ
68 g E · 45 g F · 50 g KH

Das Fleisch in einem Topf mit dem Lorbeerblatt und den Pfefferkörnern 1 ½ Stunden offen weich kochen. Das Fleisch soll anfangs mit Wasser ganz bedeckt sein. Die Kartoffel putzen, bürsten, waschen und kochen, pellen und heiß durch eine Kartoffelpresse drücken.

Die Zwiebeln schälen, grob hacken und in Schmalz glasig dünsten. Pökelfleisch herausnehmen, durch den Fleischwolf drehen, anschließend mit der Kartoffelmasse vermischen. Die Matjes, Gurken und Rote Beten klein schneiden und damit vermischen. Wenn die Masse zu fest ist, etwas von der Pökelbrühe darunter mischen. Labskaus auf Teller verteilen und mit je 1 gebratenem Spiegelei und 1 Rollmops servieren.

An meine beste Freundin:
Ich finde es sehr schade, dass wir uns nicht so häufig sehen können, aber damit du es nicht vergisst: Ich koche für dich und lade dich hiermit zum Essen ein.

Pfefferpotthast

Für 4 Portionen
600 g Zwiebeln
800 g Rindfleisch
40 g Schweineschmalz
Salz, Pfeffer
750 ml Fleischbrühe
2 Gewürznelken
3 Lorbeerblätter
4 Pfefferkörner
5 Gewürzgurken
2 Scheiben Roggenbrot
oder 2 El Paniermehl
Zucker
Zitronensaft
gehackte Petersilie

Zubereitungszeit ca. 35 Minuten
(plus Garzeit)
Pro Portion ca. 545 kcal/2289 kJ
46 g E · 30 g F · 23 g KH

Die Zwiebeln schälen und fein würfeln. Das Fleisch in Würfel schneiden. Das Schmalz in einem Topf erhitzen, Zwiebel- und Fleischwürfel portionsweise darin anbraten. Alles mit Salz und Pfeffer würzen.

Fleischbrühe, Nelken, Lorbeerblätter und Pfefferkörner hinzufügen. Alles etwa 1 ½ Stunden bei mittlerer Hitze schmoren.

Die Gurken abtropfen, längs in Streifen schneiden, etwas zum Garnieren beiseite legen. Den Rest fein würfeln und zum Fleisch geben.

Das Roggenbrot hineinkrümeln bzw. das Paniermehl darunter rühren. Den Potthast mit Salz, Pfeffer, Zucker und Zitronensaft scharf abschmecken. Mit restlichen Gewürzgurken und etwas Petersilie garniert anrichten. Dazu schmecken Petersilienkartoffeln.

Rinderrouladen

Für 4 Portionen

4 Rinderrouladen à 160 g

2 El mittelscharfer Senf

Salz, Pfeffer

4 Scheiben dünn geschnittener
Frühstücksspeck

4 kleine Gewürzgurken

1 Zwiebel

1 Möhre

25 g Butterschmalz

¼ l Rinderbrühe

100 ml Rotwein

2 Lorbeerblätter

1 Zweig Thymian

4 El Crème fraîche

1 El Stärke

Zubereitungszeit
ca. 1 Stunde 30 Minuten
Pro Portion ca. 382 kcal/1604 kJ
39 g E · 18 g F · 9 g KH

Die Rouladen auf die Arbeitsfläche legen und mit Senf bestreichen. Salzen und pfeffern. Auf jede Roulade 1 Scheibe Frühstücksspeck legen. Die Gurken längs in 4 Streifen schneiden und darauf verteilen.

Die Rouladen an den Längsseiten etwas einschlagen und von der kürzeren Seite her fest zusammenrollen. Mit einem Holzspießchen oder einer Rouladennadel feststecken.

Die Zwiebel schälen, die Möhre schälen und waschen. Beides sehr fein würfeln. Butterschmalz in einem kleinen Schmortopf erhitzen. Die Rouladen hineinlegen und von allen Seiten anbraten, bis sie gebräunt sind. Inzwischen die Brühe erhitzen.

Zum Schluss die Gemüsewürfel zu den Rouladen geben und andünsten. Mit dem Rotwein ablöschen und die heiße Brühe hinzufügen. Lorbeerblätter und Thymianzweig hinzugeben und das Ganze bei geringer Hitze etwa 45 Minuten schmoren lassen.

Die Rouladen aus der Sauce nehmen und warm stellen. Lorbeerblätter und Thymianzweig ebenfalls herausnehmen und die Sauce fein pürieren oder durch ein Sieb streichen.

Die Sauce zum Kochen bringen. Crème fraîche mit der Stärke verrühren und in die kochende Sauce einrühren. Die Sauce einmal aufkochen lassen, damit die Stärke bindet. Mit Salz und Pfeffer abschmecken und zusammen mit den Rouladen servieren.

Dazu passen Kartoffeln.

Für 6 Portionen
300 g Rinderfilet
300 g Lammfilet
300 g Schweinefilet
300 g Hühnerbrust
1 l Erdnussöl oder
1 kg Kokosfett
Salz, Pfeffer

Für die Kresse-Zitronen-Sauce

6 El Mayonnaise
1 Spritzer Zitronensaft
3 El Kresse, fein gehackt
1 El gewürfelte Zitronenfilets
weißer Pfeffer

Für den Apfelkren

2 Äpfel
Saft von einer 1/2 Zitrone
2 El frisch geriebener
Meerrettich
4 El Weißwein
1 Prise Zucker

Zubereitungszeit ca. 45 Minuten
Pro Portion ca. 396 kcal/1663 kJ
49 g E · 19 g F · 6 g KH

Fondue Bourguignonne

Das Fleisch waschen, trocken tupfen, in 2 cm große Stücke schneiden und auf einem Teller anrichten. Rechaud in die Mitte des Tisches stellen, Öl bzw. Kokosfett im Fonduetopf erhitzen und die Flamme so einstellen, dass das Fett während der gesamten Zeit weitersiedet.

Fleisch auf eine Gabel spießen und ganz nach Geschmack mehr oder weniger lange im Öl garen. Anschließend salzen und pfeffern, in eine der bereitstehenden Saucen tauchen und genießen. Als Beilagen eignen sich bunte Salate, Brot und Kartoffelstifte zum Mitgaren.

Kresse-Zitronen-Sauce

Alle Zutaten gut mischen und mit Kresse garnieren.

Apfelkren

Äpfel waschen, trocknen, schälen und die Kerngehäuse entfernen. Apfel fein reiben und mit Zitronensaft mischen. Anschließend Meerrettich und Weißwein unterrühren und mit Zucker abschmecken.

Weihnachten & Silvester:

Tradition wird groß geschrieben

Schon Wochen vor dem Fest zog der Duft frisch gebackener Plätzchen durch das Haus, der Christstollen lag sicher verwahrt in der Speisekammer. In vielen Regionen gab es zudem ein hauptsächlich aus getrockneten Pflaumen oder Aprikosen bestehendes Früchtebrot, das in dünne Scheiben geschnitten genossen wurde. Wurden am Heiligabend die Wachskerzen am mit Lametta behangenen Tannenbaum angezündet, schauten Kinder nicht nur auf die eher überschaubaren Geschenke. Auf den noch knapp bemessenen Naschtellern der 1950er Jahre lockten Äpfel und Nüsse, aber auch Pfefferkuchen und Anisplätzchen – manchmal sogar eine Apfelsine.

Oft versammelte sich am ersten oder zweiten Feiertag die ganze Sippe bei den Großeltern, wo nach Familientradition gekocht wurde. In vielen Familien machte der gefüllte Schweinebraten oder auch die knusprige Gans den Höhepunkt der Mahlzeit aus, andernorts kam Karpfen oder Schlesisches Himmelreich, der geräucherte Schweinebauch mit Klößen, auf den Tisch. Während sich der Nachwuchs mit seinen Geschenken beschäftigte genossen die Erwachsenen zum selbst gebackenen Kuchen eine Tasse echten Bohnenkaffee.

Als die Regale der Lebensmittelgeschäfte ein größeres Angebot aufwiesen gönnten wir uns auch zum Abendessen Delikatessen, die nun erschwinglich waren. Galt eine Dose Ölsardinen in den 1950er Jahren noch als Feinkost, bereicherten in den folgenden Jahren Lachsschinken und Käsespezialitäten unseren Abendbrottisch. Der Anteil an Süßigkeiten nahm zu, zu Lebkuchen und Printen gesellten sich Marzipankartoffeln und Dominosteine.

Die elektrischen Lichterketten ersetzten die Kerzen, bunte Kugeln verdrängten die selbstgebastelten Strohsterne. Die diversen Generationen und Zweige einer Familie wohnten nicht mehr

zwangsläufig am gleichen Ort, und der Besuch von Oma und Opa oder der Patentante wurde zum Tagesausflug. Neue Familientraditionen entwickelten sich, angepasst an die gastronomischen Vorgaben der Zeit. Auch zu Weihnachten wurde nun leichter und kalorienbewusster gekocht, raffinierter gewürzt oder auch etwas ganz Neues ausprobiert. Die Mengen aber blieben üppig, und so galt auch in den 1970er Jahren, dass zwischen den Jahren die Reste verzehrt wurden.

Mit Luftschlangen, Konfetti und Bleigießen feierten wir ins neue Jahr, Tischfeuerwerk wurde entzündet. Bereits in den Tagen vor Silvester halfen Töchter und Söhne bei der Zubereitung der Kinderbowle, in der Fruchtstücke schwammen. Für die Erwachsenen reserviert war die alkoholhaltige Variante auf Wein- oder Sektbasis. Neben Schnittchen stellte Kartoffelsalat mit Bockwürstchen ein klassisches Silvesteressen dar, später kamen Käsespieße mit Weintrauben oder kleine Frikadellen hinzu. Alternativ gab es, je nach Region, Mutzenmandeln oder auch Krapfen, die mit einem Klecks Marmelade

gefüllt waren. Ein beliebter Scherz war, ein oder zwei Berliner unterzumischen, in denen Senf enthalten war.

Mit der Zeit bekam das gemeinsam am letzten Tag des Jahres eingenommene Abendessen zunehmend den Charakter eines Buffets. In bunten Schälchen lockten eingelegte Gemüse wie Gurken oder Oliven, gefüllte Paprika oder Pilze luden neben Soleiern zum Zugreifen ein. Aus der Silvesterfeier wurde eine Fete, zu der Freunde eingeladen wurden oder im Familienkreis der Fonduetopf auf den Tisch kam.

Um Mitternacht gingen wir alle auf die Straße, neben den Wunderkerzen wurden nun auch Raketen und Böller abgebrannt.

War am nächsten Morgen der Rauch der Knaller verflogen stärkte eingelegter oder frisch zubereiteter Fisch. Ob Brathering oder Rollmops für den kleinen Hunger oder Neujahrskarpfen zum Mittagessen – der Fisch am Neujahrstag gehörte in vielen Familien traditionell zum Einstand ins neue Jahr.

Hinter jedem stolzen Veganer steht eine traurige Oma.

Schweinebraten

Für 4 Portionen
1 kg Schweinefleisch mit
Schwarte (aus der Schulter)
Salz
1 Tl Nelken
1 Bund Suppengemüse
1 Zwiebel
1 Lorbeerblatt
4 Pfefferkörner
1 Knoblauchzehe
1 Tl Speisestärke
1 Tl gekörnte Brühe
Pfeffer

Zubereitungszeit 20 Minuten
(plus Bratzeit)
Pro Portion ca. 423 kcal/1775 kJ
52 g E · 22 g F · 4 g KH

Den Backofen auf 225 °C (Umluft 200 °C) vorheizen. Das Fleisch mit Salz einreiben. Mit der Schwarte nach unten in die Fettpfanne des Backofens setzen, mit 250 ml heißem Wasser begießen und 15 Minuten braten. Dann wenden und die Schwarte kreuzweise mit einem Messer einschneiden.

Den Braten auf der Oberseite mit Nelken spicken und weitere 50 Minuten braten. Dabei häufig mit dem Bratensaft begießen. Inzwischen das Suppengemüse putzen, waschen und klein schneiden. Die Zwiebel schälen und in Würfel schneiden. Nach 40 Minuten Garzeit Gemüse, Zwiebel, Lorbeerblatt und Pfefferkörner zum Schweinebraten geben. Knoblauch schälen, fein hacken und ebenfalls zum Fleisch geben. Dann das Fleisch mit Salzwasser bestreichen und weitere 15 Minuten garen. Anschließend das Fleisch aus dem Ofen nehmen und warm stellen. Den Bratenfond durch ein Sieb streichen. Die Speisestärke in wenig Wasser anrühren und die Sauce damit andicken. Mit gekörnter Brühe, Salz und Pfeffer abschmecken. Das Fleisch nach 10 Minuten Ruhezeit in Scheiben schneiden. Mit Knödeln und Salat servieren.

Im eigenen Garten wachsen nicht nur schöne Blumen (Gänseblümchen), aus denen man niedliche Kränzchen flechten kann oder (Löwenzahn) deren Samen man in die Luft pustet, sondern auch viele Grundnahrungsmittel. Um davon im Herbst zu profitieren, ist einige Vorarbeit zu investieren. Gern werden wir zum Unkrautjäten, Johannisbeerenpflücken oder Kartoffelnausmachen „eingeladen". Das macht Spaß. Allerdings nur 10 Minuten lang. Der Rest ist wie eine Strafe.

Schnitzel mit Pommes

Für 4 Portionen

4 Schweineschnitzel

Salz, Pfeffer

4 El Mehl

2 Eier

100 g Paniermehl

3 El Pflanzenöl

2 unbehandelte Zitronen

Zubereitungszeit ca. 20 Minuten
(plus Bratzeit)
Pro Portion ca. 362 kcal/1520 kJ
35 g E · 9 g F · 31 g KH

Die Schnitzel unter Frischhaltefolie sehr flach klopfen und mit Salz und Pfeffer würzen.

Mehl, verquirlte Eier und Paniermehl auf drei verschiedene Teller verteilen. Die Schnitzel nacheinander in Mehl, Eiern und Paniermehl wenden.

Das Öl in einer Pfanne erhitzen und die Schnitzel darin von beiden Seiten 4–5 Minuten braten, bis die Panade goldbraun ist.

Zitronen heiß abwaschen und in Scheiben schneiden.

Die Schnitzel mit Zitronenscheiben und Kartoffelecken servieren.

Cordon bleu

Für 4 Portionen
4 Schweineschnitzel
Salz, Pfeffer
4 Scheiben gekochter
Schinken
4 Scheiben Emmentaler
4 El Mehl
2 Eier
100 g Paniermehl
3 El Butterschmalz

Zubereitungszeit ca. 20 Minuten
(plus Bratzeit)
Pro Portion ca. 400 kcal/1680 kJ
42 g E · 15 g F · 22 g KH

Eine Tasche in die Schnitzel schneiden und mit Salz und Pfeffer würzen.

In jede Schnitzeltasche eine Scheibe Schinken und eine Käsescheibe geben und die Schnitzel gegebenenfalls mit Zahnstochern verschließen.

Mehl, verquirlte Eier und Paniermehl auf drei verschiedene Teller geben und die Schnitzel nacheinander darin wenden.

Das Butterschmalz in einer Pfanne erhitzen und die Schnitzel darin von beiden Seiten etwa 5 Minuten goldbraun braten. Mit frischem Salat servieren.

Ich lege keinen Wert auf 5 Sterne Köche und neumodische Restaurants. Mamas und Omas alte Rezepte sind immer noch die besten!

Putenschnitzel mit Kroketten

Für 4 Portionen
1 kg Kartoffeln
Salz
2 Eier
1 Msp. Muskatnuss
2 El Mehl
Pfeffer
125 g Paniermehl
Fett zum Frittieren
4 Putenschnitzel
2 El Öl

Zubereitungszeit ca. 20 Minuten
(plus Gar-, Brat- und Frittierzeit)
Pro Portion ca. 692 kcal/2906 kJ
43 g E · 29 g F · 62 g KH

Die Kartoffeln in wenig gesalzenem Wasser etwa 20 Minuten garen, abgießen und etwas abkühlen lassen. Die Kartoffeln pellen und durch die Presse in eine Schüssel drücken. Die Eier trennen, die Eigelbe zum Kartoffelpüree geben. Muskatnuss und Mehl dazugeben und mit Salz und Pfeffer abschmecken. Einen festen Teig herstellen. Ist er klebrig, noch etwas Mehl zugeben. Den Teig zu Rollen formen und diese in etwa 4 cm lange Stücke schneiden.

Das Eiweiß auf einem Teller verquirlen. Das Paniermehl auf einen zweiten Teller geben. Die Kroketten nacheinander in Eiweiß und Paniermehl wenden. Das Frittierfett auf 180 °C erhitzen. Die Kroketten portionsweise im Fett goldbraun ausbacken. Auf Küchenkrepp abtropfen lassen.

Die Putenschnitzel waschen, trocken tupfen und flach klopfen. Mit Salz und Pfeffer würzen. Das Öl in einer Pfanne erhitzen und die Schnitzel darin von beiden Seiten etwa 4 Minuten braten. Die Schnitzel mit Kroketten und einem frischen Salat servieren.

Wiener Schnitzel mit Kartoffelsalat

Für 4 Portionen
4 Kalbsschnitzel (à 150 g)
50 g Mehl
Salz, Pfeffer, 3 Eier
1 El Milch
150 g Paniermehl
300 ml Öl
1 unbehandelte Zitrone

Für den Kartoffelsalat

1 kg Kartoffeln
Salz
1 Zwiebel
2 Gewürzgurken
150 ml Gemüsebrühe
75 ml Sonnenblumenöl
75 ml Weißweinessig
2 Tl mittelscharfer Senf
Pfeffer
1 Bund frisch geschnittener
Schnittlauch
2 hart gekochte Eier

Zubereitungszeit ca. 45 Minuten
(plus Gar-, Ruhe- und Bratzeit)
Pro Portion ca. 655 kcal/2620 kJ
42 g E · 35 g F · 39 g KH

Die Kalbsschnitzel waschen, trocken tupfen und sehr flach klopfen (ca. ½ cm dick), mit Salz und Pfeffer würzen. Das Mehl auf einen Teller geben. Auf einem zweiten Teller die Eier mit Milch verquirlen. Das Paniermehl auf einen dritten Teller geben. Die Kalbsschnitzel nacheinander in Mehl, Eiern und Paniermehl wenden und gut festdrücken. Das Öl in einer Pfanne erhitzen und die Schnitzel darin von beiden Seiten je 3 Minuten braten. Aus der Pfanne nehmen und auf Küchenpapier abtropfen lassen. Zitrone heiß abwaschen, trocknen und in Scheiben schneiden. Schnitzel mit Kartoffelsalat und Zitronenscheiben servieren.

Für den Kartoffelsalat die Kartoffeln waschen, etwa 20 Minuten garen, abgießen und etwas abkühlen lassen. Kartoffeln pellen und in Scheiben schneiden. Die Zwiebel schälen und fein hacken. Die Gewürzgurken fein würfeln. Die Kartoffelscheiben mit den Gurken in eine Schüssel geben. Die Zwiebeln in der heißen Brühe 2 Minuten köcheln, dann beides unter die Kartoffeln rühren. Aus Öl, Essig, Senf, Salz und Pfeffer sowie Schnittlauchröllchen (2 El zurückbehalten) ein Dressing bereiten und über den Kartoffelsalat geben. Alles gut vermischen und 30 Minuten ziehen lassen. Vor dem Servieren mit dem restlichen Schnittlauch bestreuen und mit Eivierteln garnieren.

Jägerschnitzel

Für 4 Portionen
4 Schweineschnitzel
Salz, Pfeffer
500 g frische Champignons
1 Zwiebel
2 Eier
6 El Mehl
100 g Paniermehl
2 El Butterschmalz
100 ml Gemüsebrühe
100 ml Sahne
2 El frisch gehackte Petersilie

Zubereitungszeit ca. 30 Minuten
(plus Schmor- und Bratzeit)
Pro Portion ca. 402 kcal/1688 kJ
38 g E · 16 g F · 24 g KH

Die Schnitzel flach klopfen und mit Salz und Pfeffer würzen. Die Pilze putzen, feucht abreiben und in Scheiben schneiden. Die Zwiebel schälen und hacken.

Verquirlte Eier, 4 El Mehl und Paniermehl auf drei verschiedene Teller verteilen. Die Schnitzel nacheinander in Mehl, Eiern und Paniermehl wenden.

Das Butterschmalz in einer Pfanne erhitzen und die Schnitzel von beiden Seiten goldbraun backen. Dann aus der Pfanne nehmen und warm stellen.

Die Zwiebel mit den Pilzen im Bratfett anschmoren und 5 Minuten braten. Das restliche Mehl darüber stäuben und mit der Brühe ablöschen. Die Sauce unter Rühren andicken. Mit Salz, Pfeffer und Sahne abschmecken. Die Schnitzel mit der Pilzsauce und Petersilie bestreut servieren.

Gyros mit Gurken-Dip

Für 4 Portionen
600 g Schweineschnitzel
3 El Gyrosgewürz
3 El Öl
1 Salatgurke
2 gewürfelte Zwiebeln
1 zerdrückte Knoblauchzehe
1 Bund fein gehackter Dill
1 El Zitronensaft
300 g Naturjoghurt
Salz, Pfeffer
etwas Chilipulver

Zubereitungszeit ca. 20 Min.
Pro Portion 328 kcal
ca. 37 g E · 15 g F · 9 g KH

Die Schweineschnitzel in feine Streifen schneiden, in einer Schüssel mit Gyrosgewürz und Öl vermischen und 45 Minuten durchziehen lassen. Salatgurke schälen, halbieren, entkernen und in feine Scheiben schneiden. In einer Schüssel mit den gewürfelten Zwiebeln und dem zerdrückten Knoblauch, dem fein gehackten Dill und Zitronensaft mischen. Naturjoghurt unterrühren und den Dip mit Salz, Pfeffer und etwas Chilipulver abschmecken.

Gyros in einer Pfanne von allen Seiten gut anbraten und bei milder Temperatur etwa 10 Minuten garen.

Mit dem Gurken-Dip und Reis anrichten.

Fischstäbchen mit Pommes

Für 4 Portionen

600 g Seelachsfilet

2 Eier

Salz

Pfeffer

50 g Mehl

100 g Paniermehl

1 kg Kartoffeln

1 l Pflanzenfett oder

Öl zum Frittieren

Zubereitungszeit ca. 30 Minuten
(plus Frittierzeit)
Pro Portion ca. 547 kcal/2297 kJ
30 g E · 18 g F · 62 g KH

Das Fischfilet waschen, trocken tupfen und in etwa 3 cm dicke Streifen schneiden. Eier verquirlen, mit Salz und Pfeffer würzen. Eier, Mehl und Paniermehl jeweils auf einen Teller geben. Fischstäbchen nacheinander in Mehl, Eiern und Paniermehl wenden. Die Kartoffeln waschen, schälen und mit einem Pommes frites-Schneider in etwa 1 cm dicke Stäbchen schneiden. Mit Küchenpapier abtupfen. Das Frittierfett in einem hohen Topf oder der Fritteuse auf 180 °C erhitzen.

Zuerst die Pommes frites portionsweise im heißen Fett hell vorbacken. Aus dem Fett nehmen und abtropfen lassen. Fett säubern, dann die Fischstäbchen portionsweise goldgelb frittieren. Herausnehmen und abtropfen lassen.

Die Pommes frites kurz vor dem Servieren erneut ins heiße Fett geben und goldbraun backen. Abtropfen lassen und mit Salz bestreut zu den Fischstäbchen servieren.

Heringsstipp zu Pellkartoffeln

Für 4 Portionen

2 Zwiebeln

60 g Butter

60 g Mehl

650 ml Gemüsebrühe

2 kleine gewässerte

Salzheringe

Salz

Essig

2 Essiggurken

150 g Crème fraîche

Zubereitungszeit ca. 20 Minuten
(plus Kochzeit)
Pro Portion ca. 285 kcal/1197 kJ
10 g E · 21 g F · 13 g KH

Die Zwiebeln schälen und klein hacken. Die Butter erhitzen und die Zwiebeln darin glasig dünsten. Das Mehl zufügen und unter Rühren goldgelb schwitzen lassen. Die Brühe nach und nach zugießen und alles zu einer glatten Sauce verrühren. Die Sauce 5 Minuten köcheln lassen.

Die Heringe ausnehmen, waschen und abtrocknen. Anschließend entgräten und sehr fein hacken. Die Fischmasse unter die Sauce rühren, Sauce aber nicht mehr kochen lassen.

Alles mit etwas Salz und Essig abschmecken. Die Essiggurken sehr klein hacken und bis auf 1 El mit der Crème fraîche unter die Sauce heben. Heringsstipp mit den restlichen Gurkenwürfeln bestreuen und zu Pellkartoffeln servieren.

Muscheln

Für 4 Portionen

4 kg Miesmuscheln

5 Zwiebeln

3 Möhren

½ Sellerieknolle

1 Stange Lauch

1 Bund Petersilie

8 Wacholderbeeren

15 schwarze Pfefferkörner

3 Lorbeerblätter

Salz

1 l trockener Weißwein

Zubereitungszeit ca. 25 Minuten
(plus Kochzeit)
Pro Portion ca. 770 kcal/3234 kJ
103 g E · 15 g F · 50 g KH

Die Muscheln unter Wasser gründlich abschrubben und mehrfach nachspülen, bis der Sand entfernt ist. Nicht ganz geschlossene Muscheln entfernen. Die Zwiebeln schälen und klein schneiden. Die Möhren und den Sellerie schälen, waschen und ebenfalls klein schneiden. Den Lauch putzen, waschen und grob zerkleinern. Die Petersilie waschen und trocken schütteln. Anschließend alles mit den zerdrückten Wacholderbeeren, den Pfefferkörnern, den Lorbeerblättern, Salz und dem Wein in einen Topf geben. Muscheln hinzugeben und mit Wasser bedecken. Alles kochen lassen, bis sich die Muscheln geöffnet haben. Vom Herd nehmen, 5 Minuten ziehen lassen. Muscheln, die sich nicht geöffnet haben, entsorgen.Die Muscheln portionsweise in tiefe Teller geben, Brühe darüber verteilen und servieren. Dazu schmeckt saftiges Schwarzbrot mit Butter.

Brathähnchen mit Kartoffel-Gurken-Salat

Für 4 Portionen
1 küchenfertiges Brathuhn
(ca. 1,2 kg)
Salz, Pfeffer
3 El Öl
2 El edelsüßes Paprikapulver
1 Tl Currypulver
200 ml Hühnerbrühe
100 g Crème fraîche
Speisestärke
600 g Kartoffeln
1 Salatgurke
5 El Weißweinessig
6 El Sonnenblumenöl
½ Bund frischer Dill

Zubereitungszeit ca. 20 Minuten
(plus Brat-, Koch- und Ruhezeit)
Pro Portion ca. 620 kcal/2604 kJ
60 g E · 40 g F · 3 g KH

Das Huhn waschen, trocken tupfen und innen und außen mit Salz und Pfeffer einreiben. Den Backofen auf 200 °C (Umluft 180 °C) vorheizen. Die Flügel und Keulen des Huhns mit Küchengarn am Körper festbinden. Das Huhn mit der Brustseite nach unten in einen Bräter legen und im Ofen etwa 30 Minuten braten. Das Huhn mit der Hälfte des Öls bestreichen. Das Paprika- und Currypulver in die andere Ölhälfte rühren. Das Huhn wenden, die Temperatur auf 180 °C (Umluft 160 °C) herunterschalten und das Huhn mit der Öl-Gewürz-Mischung bestreichen. Weitere 30 Minuten braten.

Das Huhn aus dem Bräter nehmen und 10 Minuten ruhen lassen. Den Bratfond mit der Hühnerbrühe loskochen, durchsieben und die Crème fraîche einrühren. Nach Belieben die Sauce mit Speisestärke andicken. Mit Salz, Pfeffer und Paprika abschmecken und zum Huhn servieren.

Für den Salat die Kartoffeln mit Schale in kochendem Salzwasser garen, abgießen und ausdämpfen lassen. Kartoffeln schälen und in Scheiben schneiden. Abkühlen lassen. Die Salatgurke schälen, in Scheiben hobeln und in einer Schüssel mit Salz bestreuen. Ca. 20 Minuten ziehen lassen, dann das entstandene Wasser abgießen.

Kartoffeln und Gurken in einer Schüssel mischen. Aus Weißweinessig, Sonnenblumenöl, Salz und Pfeffer ein Dressing rühren und den Salat damit übergießen. 30 Minuten durchziehen lassen, abschmecken und mit gehacktem Dill bestreuen.

In meiner Küche wird gekocht, gekleckert, getrunken, gelacht, gekrümelt, getanzt, gefeiert, gegessen & Danke gesagt – so wie früher!

Berliner Kartoffelsalat mit Borretsch

Für 4 Portionen
750 g Kartoffeln
Salz
1 Salatgurke
1 Bund Dill
½ Bund Borretsch
150 g Senfgurken aus dem Glas
150 g Gewürzgurken aus dem Glas
4 Schalotten
200 g Schmand
2 El Buttermilch
1 El Senf
3 El Weißbier
Pfeffer
3 hart gekochte Eier

Zubereitungszeit ca. 40 Minuten
(plus Garzeit)
Pro Portion ca. 410 kcal/17717 kJ
16 g E · 18 g F · 42 g KH

Die Kartoffeln waschen und in leicht gesalzenem Wasser ca. 20 Minuten garen. Die Salatgurke waschen und in Scheiben schneiden. Mit Salz bestreuen.

Die Kräuter waschen, trocknen und fein hacken. Die Gurken abtropfen lassen und in Scheiben bzw. Stücke schneiden. Die Schalotten schälen und in Würfel schneiden. Alle Zutaten und die Hälfte der Kräuter zu den Gurkenscheiben geben.

Die Kartoffeln abgießen, abkühlen lassen, pellen, in Würfel schneiden und ebenfalls zu den Gurken geben.

Den Schmand mit Buttermilch, Senf und Bier verrühren. Mit Salz und Pfeffer abschmecken.

Die Eier pellen, das Eigelb unter die Schmand-Masse rühren und das Eiweiß in Würfel schneiden. Die Sauce über den Salat geben, mit dem Eiweiß und mit den restlichen Kräutern garniert servieren.

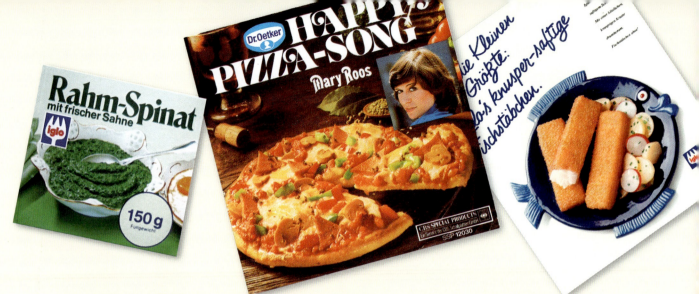

Moderne Zeiten am Herd

Fertigzutaten machen das Leben leicht

Ein frischer Wind fegte durch das Land. Die kargen Jahre, in denen es maßgeblich ums Sattwerden ging, waren vorüber. In den klein geschnittenen Küchen der Neubausiedlungen sorgten moderne Einbauküchen mit integrierten Geräten und Hängeschränken für Raumgefühl. Neben der elektrischen Küchenmaschine mit variablen Aufsätzen galt vor allem der Kühlschrank als erstrebenswerte Errungenschaft. Noch 1963 verfügten nur knapp 52 Prozent der Haushalte in Deutschland über ein Kühlaggregat, erst zehn Jahre später konnten fast alle Haushalte verderbliche Waren ‚auf Eis' legen.

Das früher „heilige" gemeinsam eingenommene Sonntagsmahl im engsten Familienkreis verlor an Attraktivität, die Schüsseln für die Vorsuppe verschwanden weit hinten im Schrank. Statt dessen wurde schon mal zum Brunch-in geladen: Kalte Speisen wie Herings- oder Geflügelsalat, aber auch Käse, wurden als Buffet offeriert, während Zwiebel-, Fisch- oder Gulaschsuppe auf einem Rechaud köchelte. Dazu

gab es in Scheiben geschnittenes Stangenweißbrot. Für Erfrischung sorgten Fruchtbeilagen, die eher aus Südfrüchten als aus heimischen Obstsorten bestanden.

Vorbei waren auch die Zeiten, in denen sich Mütter mit der Hausfrauenrolle begnügten. Frauen im Beruf galten bald als ebenso normal wie der an einem Gummiband um den Hals hängende Wohnungsschlüssel bei Schulkindern. Kam man nach Schule oder Halbtagsjob nach Hause musste es schnell gehen – Fertiggerichte versprachen Mahlzeiten ohne stundenlange Vorbereitungszeit. Warum noch Kartoffeln schälen, wenn es Püree aus der Tüte gab? Bereits 1953 wurde Sauerkraut in der Dose auf den Markt gebracht, ab den 1960ern waren haltbare Gemüse im Glas oder als Konservendose in vielen Variationen erhältlich.

Erst skeptisch betrachtet, dann aber auf breiter Front angenommen wurde Tiefkühlkost in jeder Form. Die war zwar etwas teurer als frische

Zutaten, dafür aber mundgerecht vorbereitet und sofort zu verarbeiten. Allein zwischen 1956 und 1960 versechsfachte sich die Anzahl der Geschäfte mit Tiefkühltruhen auf 30.000. Lag der Pro-Kopf-Verbrauch von Tiefkühlkost 1960 noch bei 830 Gramm, betrug er zehn Jahre später schon zehn Kilo. Zum Püree aus der Tüte gesellten sich also Möhren und Erbsen aus dem Glas und Fischstäbchen aus dem Eisfach. Schnell zubereitet und für uns Kinder ein Festessen.

Bald schon beschränkte sich das Angebot nicht mehr nur auf einzelne Zutaten, sondern umfasste komplette Mahlzeiten, 1967 wurden die ersten Menüs in die Supermarktregale gebracht. Ob Ravioli aus der Dose, Erbsensuppe im Plastikbeutel oder tiefgefrorener ungarischer Zwiebelbraten – die Zubereitung war kinderleicht. Die Tiefkühlpizza entwickelte sich zu einem

Dauerbrenner, Pommes frites aus der Kühltruhe konnten einfach dosiert werden und bedurften keiner Fritteuse mehr. Pulver und Pasten eroberten die Küche, die daraus entstehenden Speisen entwickelten sich zur ernsthaften Konkurrenz für traditionelle Gerichte: Pudding musste nicht mehr gekocht, sondern nur noch mit dem Mixer oder Schneebesen geschlagen werden. Torten benötigten keine Backhitze mehr, sondern wurden zeitweise im Eisschrank gelagert und waren verzehrfertig.

Und selbst diese Arbeit konnte die Hausfrau sich in zunehmendem Maße sparen: Früchtequark und Joghurtvariationen standen in nie gekannter Vielfalt in den Kühlregalen der Supermärkte. Es galt, einfach zuzugreifen oder die Mutter zu beknien, die Plastiktöpfe in den Einkaufswagen zu legen. Der Geschmack der bunten, oft glibberigen Substanz erinnerte nur noch vage an die auf dem Deckel abgebildete Frucht, doch das war uns letztlich egal. Gut gekühlter Erdbeerquark verkörperte den Geschmack der neuen Zeit – erst recht, wenn die Mutter die Nase rümpfte.

Muttertag – wir haben der Mutti mit Wasserfarbe ein Bild gemalt, ein Gedicht abgeschrieben, etwas Schönes gebastelt oder vom Taschengeld Schokolade gekauft, damit sie sich freut. Dann holen wir die Oma ab und machen einen Ausflug. An den See, auf dem man Boot fahren kann, in den Märchenwald oder zu der Burg, wo man so herrlich Kaffee trinken kann. Und die anderen Mütter sind auch schon alle da und dürfen was Feines essen: Spargel!

Spargel mit Zitronen-Hollandaise

Für 4 Portionen

2 kg weißer Spargel

20 g Butter

1 Tl Salz

1 El Zucker

1 El Speisestärke

2 Eigelb

60 g kalte Butter

Saft von ½ Zitrone

Zubereitungszeit ca. 35 Minuten (plus Garzeit)
Pro Portion ca. 280 kcal/1176 kJ
10 g E · 21 g F · 13 g KH

Den Spargel schälen, die unteren holzigen Enden abschneiden. Spargelschalen und -enden waschen und in 1,5 l Wasser etwa 30 Minuten köcheln. Die Spargelschalen abgießen. 750 ml des Kochsudes auffangen.

Die Spargelstangen im Spargeldämpftopf in wenig Wasser mit Butter, Salz und Zucker bissfest garen.

Die Speisestärke mit den Eigelben verquirlen und unter Rühren zum Spargelsud geben. In einem Topf bei geringer Temperatur schaumig schlagen, dann aufkochen lassen und vom Herd nehmen.

Die kalte Butter Stück für Stück unter die Sauce rühren, jeweils erst ein Stück auflösen lassen, bevor das nächste eingerührt wird. Die Sauce mit Zitronensaft, Salz und Zucker abschmecken. Spargel aus dem Topf nehmen, abtropfen lassen und mit der Zitronensauce servieren.

Warmer Kartoffelsalat

Für 6 Portionen

1,5 kg Kartoffeln

75 g Schinkenspeck

75 g Bauchspeck

2 El Öl

1 Zwiebel

125 ml Gemüsebrühe

6 El Essig

2 Tl Senf

frisch gemahlener Pfeffer

Salz

2 El frisch gehackte Petersilie

2 El frisch gehackter

Schnittlauch

Zubereitungszeit ca. 50 Minuten
(plus Garzeit)
Pro Portion ca. 280 kcal/1172kJ
10 g E · 8 g F · 40 g KH

Die Kartoffeln waschen und in kochendem Wasser in
etwa 25 Minuten garen. Abgießen, leicht abkühlen lassen,
dann schälen.

Den Schinkenspeck und Bauchspeck würfeln und im heißen Öl
knusprig braten. Die Zwiebel schälen, würfeln und im Speckfett
glasig dünsten. Mit der Brühe ablöschen. Essig, Senf, Pfeffer
und wenig Salz langsam dazurühren.

Die Kartoffeln in Scheiben schneiden und in eine Schüssel
geben, mit der warmen Marinade übergießen und gut mischen.
Mit den Kräutern bestreuen und noch warm servieren.

Schwarzwurzeln mit Béchamelsauce

Für 4 Portionen

1,2 kg Schwarzwurzeln

Salz

2 El Essig

3 El Butter

3 El Mehl

500 ml Milch

1 Zwiebel

1 Lorbeerblatt

2 Nelken

3 El Sahne

Pfeffer

gemahlene Muskatnuss

Zubereitungszeit ca. 20 Minuten
(plus Gar- und Kochzeit)
Pro Portion ca. 230 kcal/964 kJ
9 g E · 14 g F · 15 g KH

Die Schwarzwurzeln waschen, schälen und in Stücke schneiden. Sofort in kochendes Salzwasser mit Essig geben und in ca. 15 Minuten garen. Schwarzwurzeln abgießen und abtropfen lassen. Warm stellen.

Für die Sauce die Butter in einem Topf schmelzen, das Mehl hineingeben und unter Rühren anschwitzen. Mit der Milch auffüllen und zu einer Sauce rühren. Es dürfen keine Klümpchen entstehen.

Die Zwiebel schälen und mit Lorbeerblatt und Nelken spicken. Die Zwiebel in die Sauce geben und 15 Minuten darin köcheln. Dann herausnehmen. Die Sauce mit Sahne, Salz, Pfeffer und Muskatnuss abschmecken.

Die Schwarzwurzeln mit der Béchamelsauce servieren. Dazu Salzkartoffeln reichen.

Auf diese Weise können Sie auch prima Kohlrabi zubereiten.

Spinat, KaPü und Ei

Für 4 Personen

750 g Kartoffeln (mehlig
kochend)
3 El Butter
150 ml Milch
Salz, Pfeffer
Muskatnuss
800 g frischer Spinat
1 El Öl
1 Zwiebel

Zubereitungszeit ca. 30 Minuten
(plus Garzeit)
Pro Portion ca. 397 kcal/1667 kJ
15 g E · 13 g F · 53 g KH

Die Kartoffeln schälen, kochen, pürieren und die Butter unter-
ziehen. Die Milch erhitzen und unterrühren, bis die Masse cremig
wird und mit Salz, Pfeffer und frisch geriebener Muskatnuss
würzen. Ein Teil der Milch kann durch Sahne ersetzt werden.

Während die Kartoffeln kochen den Spinat abspülen und gut
abtropfen lassen. In einem Topf Öl erhitzen, Zwiebel hacken und
die Würfel andünsten, bis sie glasig sind. Spinat zufügen und die
Blätter zusammenfallen lassen. Mit Pfeffer und Salz würzen.

Geheimrezepte & Familienheiligtümer

Alte Rezepte neu entdeckt

Ob Omas Milchreis mit Zimt und Zucker oder der Salat aus grünen Bohnen, die noch bissfest waren – der Geschmack vieler aus der Kindheit bekannten Gerichte liegt uns fast noch auf der Zunge, und sie schmeckten nur so, so und nicht anders, unverwechselbar gut. Die Suche nach einstigen Rezepten fördert alte Kladden zutage, in denen handschriftlich Notizen zur Zubereitung von Speisen verewigt wurden. Über Generationen hinweg wurde Kochen und Backen direkt am Herd von der Mutter an die Tochter weiter gegeben. Traditionsgerichte entstanden, die je nach persönlichem Geschmack und Warenangebot weiter entwickelt wurden. Schließlich waren wir bis in die 1960er Jahre hinein auf nur saisonal erhältliches Gemüse und haltbares Eingewecktes angewiesen. Gekocht wurde unter Verwendung von Hilfsmitteln wie Stärke aus Kartoffeln oder Weizen, Kaiser Natron gehörte in jede Speisekammer.

Die 1950er und 1960er Jahre brachten einen Umschwung in die Küchen. Fertige Mischungen erleichterten das Kochen und sorgten für neue Geschmacksnoten. Portionsweise abgepacktes Backpulver ersetzte Natron oder Hefe als Treibmittel, Puddingpulver machte die Zubereitung von Süßspeisen leicht, und Mondamin oder Gustin galtenals Garant für eine klumpenfreie Sauce. Das wachsende Angebot von Konserven und später Tiefkühlkost machte eine traditionelle

Vorbereitung von Gemüse überflüssig. Ganzjährig angebotenes Obst und Gemüse – aber auch verschiedenste Gewürze – sorgte nun für Abwechslung in der Küche. Früher typische Erzeugnisse wie Schwarzwurzeln oder Kohlrabi galten eine Zeit lang als unmodern. Auch das wachsende Ernährungsbewusstsein wirkte sich aus: Schmalz, als preiswertes Fett einst nicht wegzudenken, verschwand in den 1970er Jahren fast vollends aus dem Kühlschrank – damit jedoch auch der typische Geschmack.

Viele Familiengerichte aber wurden weiterhin auf althergebrachte Weise gekocht. Auch, wenn das Rot- oder Weißkraut nicht mehr aus dem Fass im Keller kam – eine geriebene Kartoffel als Zugabe ließ es so sämig schmecken wie einst. Grünkohl blieb nicht wässrig, wenn Haferflocken hinzu gegeben wurden. Gerichte wie Grüne Heringe bedurften damals wie heute einer gewissen Vorbereitungszeit, schmecken aber auch mit ‚modernen‘ Zutaten köstlich.

So lohnenswert wie lecker ist es, in der eigenen Erinnerung zu kramen – so erleben selbst zubereitete Kartoffelklöße gerade eine Renaissance. Der Hackbraten als Falscher Hase oder Bandnudeln in Milch mit Backpflaumen wurden zwar von kulinarischen Moden überholt, stehen aber unverändert für guten Geschmack. Wobei regionale Vorlieben nicht in Vergessenheit geraten

sind: So wurde grüner Salat im Norden bereits in den 1950er Jahren gern süß mit Milch und Zitrone zubereitet, im Süden dagegen sauer mit Essig und Öl.

Zu den Klassikern gehören Eintöpfe, aber auch einfache Gerichte wie der Kartoffelsalat. In jeder Familie etwas anders zubereitet – mal unter Zugabe von Äpfeln, mal mit Kapern oder Gurken. Auch bei Frikadellen gibt es so viele Zubereitungsarten wie Köchinnen. Der durch Rote Bete eingefärbte Heringssalat aus den 1960ern gilt heute wieder als Delikatesse, der klassische Nudelsalat der 1970er Jahre hat seinen festen Platz auf dem Party-Buffet. Auch einst moderne Gerichte wie Spaghetti mit Tomaten-Hackfleischsauce haben mit der Zeit Kultstatus erreicht.

Nicht zu vergessen Bratkartoffeln, die nach Meinung vieler Zeitgenossen in einer gusseisernen Pfanne am knusprigsten werden. Aus erkalteten Pellkartoffeln vom Vortag zubereitet, nur mit Salz und etwas Pfeffer gewürzt und mit einem Spiegelei garniert wecken sie mit Sicherheit unsere Erinnerungen. Wer den ursprünglichen Geschmack genießen möchte, sollte zu Schmalz greifen, das nach wie vor von vielen Fleischereien angeboten wird.

Buttercremetorte „Hilde"

1 Biskuitboden (FP)
½ l Milch
1 Pck. Puddingpulver Vanille
200 g Butter (ungekühlt)
200 g Zucker
50 g Palmin
1 Fläschchen Zitronenöl
250 g Kirschmarmelade
Schokostreusel
Kirschen für die Dekoration

Zubereitungszeit ca. 20 Minuten
Ausdrücklich ohne Kalorienangaben!

Für die Buttercreme aus Milch und Vanillepuddingpulver einen Pudding kochen. Erkalten lassen, Butter mit dem Zucker schaumig rühren und die Puddingmasse löffelweise darunter heben. Die Butter und der Pudding sollten die gleiche Temperatur haben, damit die Creme nicht gerinnt. Palmin schmelzen und lauwarm in die Creme rühren, Zitronenöl hinzufügen.

Den Biskuitboden zweimal durchschneiden. Den unteren Boden zunächst mit der Kirschmarmelade bestreichen, dann beide Böden mit Buttercreme bestreichen und zusammensetzen. Den Rand und den Deckel der Torte mit Buttercreme bestreichen und mit Schokostreusel und Kirschen verzieren.

Kartoffelsalat mit Würstchen

Für 4 Portionen
1 kg festkochende Kartoffeln
Salz
2 Eier
2 säuerliche Äpfel
1 El Zitronensaft
1 Zwiebel
6 Gewürzgurken
100 g durchwachsene
Speckwürfel
150 g Joghurt
100 g Mayonnaise
6 El Weißweinessig
Pfeffer
¼ Tl Paprikapulver
4 Wiener Würstchen

Zubereitungszeit ca. 1 Stunde
(plus Zeit zum Durchziehen)
Pro Portion ca. 520 kcal/2184 kJ
15 g E · 28 g F · 48 g KH

Die Kartoffeln waschen, putzen und im leicht gesalzenen Wasser garen. Die Kartoffeln auskühlen lassen, pellen und in Scheiben schneiden. Die Eier hart kochen, abschrecken, pellen und in kleine Würfel schneiden.

Inzwischen die Äpfel schälen, das Kerngehäuse entfernen und ebenfalls in kleine Würfel schneiden. Mit dem Zitronensaft beträufeln. Die Zwiebel schälen und fein hacken. Die Gurken ebenfalls in Würfel schneiden. Die Speckwürfel in einer beschichteten Pfanne ohne Zugabe von Fett kross braten.

Den Joghurt mit der Mayonnaise verrühren. Dann den Essig unterrühren und die Salatsauce mit Salz, Pfeffer und Paprika abschmecken.

Die Kartoffelscheiben mit den anderen Salatzutaten vermischen und die Salatsauce untermengen. Den Kartoffelsalat mindestens 2 Stunden im Kühlschrank durchziehen lassen.

Die Würstchen warm oder kalt zum Kartoffelsalat servieren.

Bratkartoffeln

Für 4 Portionen

1 kg festkochende Kartoffeln

Salz

100 g Schinkenspeck

1 Zwiebel

3 El Öl

Pfeffer

2 El frisch gehackter Dill

Zubereitungszeit ca. 20 Minuten
(plus Gar- und Bratzeit)
Pro Portion ca. 243 kcal/1020 kJ
10 g E · 4 g F · 37 g KH

Die Kartoffeln waschen und in der Schale in kochendem Salzwasser etwa 20 Minuten garen. Abgießen und etwas ausdämpfen lassen. Dann die Kartoffeln pellen und abkühlen lassen. Anschließend in Scheiben schneiden.

Den Speck in sehr feine Würfel schneiden. Die Zwiebel schälen und fein hacken. Das Öl in einer gusseisernen Pfanne sehr heiß werden lassen und die Kartoffelscheiben hineingeben. Auf der Unterseite bräunen, dann durch Schwenken der Pfanne die Kartoffeln wenden.

Speck und Zwiebel zu den Kartoffeln geben und mitschmoren. Die Kartoffeln goldbraun braten, mit Salz und Pfeffer würzen und mit Dill bestreut servieren.

Rievkooche

Für 4 Portionen
1 kg Kartoffeln
1 Zwiebel
3 Eier
100 g Mehl
100 g Semmelbrösel
Salz
Schweineschmalz oder Öl
zum Braten

Zubereitungszeit ca. 20 Minuten
(plus Backzeit)
Pro Portion ca. 435 kcal/1827 kJ
16 g E · 7 g F · 74 g KH

Kartoffeln schälen, waschen und auf einer nicht zu feinen Reibe mittelfein reiben. Die geriebenen Kartoffeln in ein Sieb geben und abtropfen lassen, dabei die Flüssigkeit auffangen. Die im Kartoffelwasser abgesetzte Stärke wieder zu den Kartoffeln hinzugeben. Zwiebel schälen, fein reiben, zu den Kartoffeln geben und darunter heben.

Eier mit Mehl, Semmelbröseln und Salz ebenfalls zu den Kartoffeln geben und alles miteinander vermischen, abschmecken.

In einer schweren Pfanne das Schweineschmalz oder Öl erhitzen. Mit einem Esslöffel kleine Teighäufchen in das Fett setzen und flach drücken. Sie sollten ganz dünn sein. Auf beiden Seiten knusprig braun braten, auf Küchenpapier etwas abtropfen lassen. Rievkooche am besten sofort aus der Pfanne essen. Möglichst nicht warm halten damit sie schön knusprig bleiben. Mit Apfelkompott und Schwarzbrot servieren.

Der Inbegriff rheinischer Kochkunst ist eine Mischung aus Kartoffeln und Äpfeln mit oder ohne gebratene Blutwurst (im heimatlichen Dialekt *Blotwoowsch* oder auch *Flöns* genannt). Überhaupt wird in der rheinischen Küche viel gemischt – es heißt, die Küche des Rheinlandes sei genauso mischfreudig wie ihre Bewohner.

Himmel un Ääd

Für 4 Portionen
1 kg mehlige Kartoffeln
Salz
1 Lorbeerblatt
1 kg säuerliche Äpfel
250 ml Apfelsaft
Saft von 1 Zitrone
2 El Zucker
3 Zwiebeln
1 El Öl
250 ml Milch
50 g Butter
Muskatnuss
2 El Paniermehl
200 g Blutwurst in Scheiben
½ Bund Petersilie
Fett für die Form

Zubereitungszeit ca. 40 Minuten
(plus Koch- und Backzeit)
Pro Portion ca. 695 kcal/2919 kJ
17 g E · 33 g F · 80 g KH

Kartoffeln schälen, waschen und in Salzwasser mit dem Lorbeerblatt etwa 25 Minuten garen. Inzwischen die Äpfel schälen, vierteln, entkernen und würfeln. Den Apfelsaft mit dem Zitronensaft, Zucker und Apfelwürfeln 10 Minuten köcheln lassen.

Den Backofen auf 200 °C vorheizen. Die Zwiebeln schälen, in Ringe schneiden und in heißem Öl braten. Die Milch mit der Hälfte der Butter erhitzen. Kartoffeln abgießen, Milch hinzufügen und zerstampfen. Mit Salz und Muskat abschmecken.

Restliche Butter zerlassen und das Paniermehl darunter rühren. Kartoffelpüree und Apfelkompott in eine gefettete Auflaufform schichten. Blutwurst darauf legen und Zwiebelringe darüber verteilen. Paniermehlbutter darüber geben.

Alles im vorgeheizten Backofen bei 200 °C etwa 15 Minuten backen. Die Petersilie waschen, trocken schütteln und fein hacken. Himmel un Ääd damit bestreuen.

Alternativ das Apfelkompott mit dem Püree vermischen und mit den Zwiebelringen bestreut servieren. Die Blutwurst in Butter braten und separat reichen.

Dibbelabbes

Für 4 Portionen

1 kg Kartoffeln

2 kleine Zwiebeln

Salz

Pfeffer

1 Ei

3 El Öl

Zubereitungszeit ca. 25 Minuten (plus Bratzeit)
Pro Portion ca. 215 kcal/904 kJ
7 g E · 3 g F · 39 g KH

Die Kartoffeln schälen, waschen und reiben. Die geriebenen Kartoffeln in einem Mulltuch ausdrücken. Die Zwiebeln schälen und ebenfalls reiben.

Zwiebeln mit Salz und Pfeffer sowie dem Ei zu der Kartoffelmasse geben und gut miteinander mischen.

Das Öl in einer großen gusseisernen Pfanne erhitzen und die Kartoffelmasse hineingeben. Unter häufigem Wenden anbraten und mit dem Kochlöffel zerpflücken.

Die Dibbelabbes sollen schön knusprig und goldbraun werden. Sie schmecken mit Salat oder zu gebratener Wurst und Fleisch.

Potthucke

Für 4 Portionen

1 kg rohe Kartoffeln

250 g gekochte Kartoffeln

2 Zwiebeln

100 g durchwachsener Speck

250 ml süße Sahne

150 ml saure Sahne

4 Eier

Salz, Pfeffer, frisch geriebene
Muskatnuss

Zubereitungszeit ca. 30 Minuten
(plus Backzeit)
Pro Portion ca. 583 kcal/2447 kJ
22 g E · 32 g F · 52 g KH

Den Backofen auf 220 °C vorheizen. Die rohen Kartoffeln schälen, waschen, fein reiben und in einem Sieb gut ausdrücken. Den Saft dabei auffangen und beiseite stellen. Die gekochten Kartoffeln durch eine Kartoffelpresse drücken und mit den geriebenen Kartoffeln vermischen.

Die Zwiebeln schälen und fein würfeln. Den Speck klein würfeln. Den Speck ausbraten und die Zwiebeln darin glasig dünsten, etwas abkühlen lassen. Speck und Zwiebeln mit den Kartoffeln vermischen. Die Stärke des Kartoffelwassers ebenfalls hinzugeben. Die süße Sahne und die Hälfte der sauren Sahne mit den Eiern zur Kartoffelmasse geben und damit verkneten.

Alles kräftig mit Salz, Pfeffer und frisch geriebener Muskatnuss würzen. Den Kartoffelteig in eine gut gefettete Kastenform füllen und im Backofen etwa 50 Minuten goldbraun backen.

Anschließend etwas auskühlen lassen und auf ein Brett stürzen. Die Potthucke in etwa 1,5 cm dicke Scheiben schneiden und mit Knochenschinken und der restlichen sauren Sahne anrichten. Dazu schmeckt ein gemischter Salat und Brot.

Reste werden abends in Scheiben geschnitten und in der Pfanne von beiden Seiten angebraten. Der Name bedeutet Topfhocker, weil das Gericht leicht am Boden anbackt.

Strammer Max

Für 4 Portionen
4 Scheiben Mischbrot
40 g Margarine
4 Eier
Salz
50 g Butter
200 g Scheiben Knochen-
schinken
4 Gewürzgurken

Zubereitungszeit ca. 15 Minuten
Pro Portion ca. 373 kcal/1565 kJ
20 g E · 30 g F · 7 g KH

Die Brotscheiben nacheinander im Toaster oder im Backofen goldbraun rösten. Die Margarine in einer Pfanne erhitzen, die Eier aufschlagen und in der heißen Margarine zu Spiegeleiern braten. Das Eiweiß leicht salzen, das Eigelb nicht mit Salz bestreuen.

Die getoasteten Brotscheiben mit der Butter gleichmäßig bestreichen. Die Schinkenscheiben großzügig auf den gebutterten Brotscheiben verteilen.

Jeweils 1 Spiegelei auf eine mit Schinken belegte Brotscheibe legen und anrichten. Die Gurken in Scheiben schneiden und den Strammen Max damit garnieren.

Apfelpfannkuchen

Für 4 Portionen

4 Äpfel

1 El Rosinen

60 g Zucker

Zimt

4 Eier

400 ml Milch

300 g Mehl

Salz

Butter

Zimtzucker

Zubereitungszeit ca. 20 Minuten
(plus Backzeit)
Pro Portion ca. 538 kcal/2258 kJ
19 g E · 12 g F · 88 g KH

Die Äpfel schälen und das Kerngehäuse mit einem Apfelaus-stecher entfernen. Die Äpfel in dünne Scheiben schneiden und mit den Rosinen, dem Zucker und etwas Zimt bestreuen. Abgedeckt etwa 20 Minuten ziehen lassen.

Die Eier trennen. Die Eigelb mit der Milch verquirlen, das Mehl und 1 Prise Salz dazugeben und alles zu einem glatten Pfann-kuchenteig verrühren. Das Eiweiß steif schlagen und locker unter den Teig heben.

Etwas Butter in einer Pfanne erhitzen, etwa ¼ der Apfelmischung vorsichtig in die Pfanne hineingeben, die Apfelscheiben sollen möglichst heil bleiben. Etwa ¼ des Pfannkuchenteiges darüber verteilen. Alles bei mittlerer Hitze von beiden Seiten etwa 4 Mi-nuten zu einem goldbraunen Pfannkuchen braten.

Den Pfannkuchen herausnehmen, auf einen Teller gleiten lassen, mit etwas Zimtzucker bestreuen und warm stellen. Die übrige Teigmasse und die gezuckerten Äpfeln nacheinander ebenso verarbeiten. Die Pfannkuchen jeweils nach dem Backen mit Zimtzucker bestreuen und warm servieren.

Zwiebelkuchen

Für 12 Stücke
200 g Weizenmehl
1 Tl Backpulver
½ Tl Salz
150 g Butter
500 g Zwiebeln
125 ml Milch
Salz, Pfeffer
1 El Speisestärke
100 g Schinkenspeck
2 Eigelb
3 El Sahne

Zubereitungszeit 30 Minuten
(plus Koch- und Backzeit)
Pro Stück ca. 170 kcal/714 kJ
5 g E · 10 g F · 15 g KH

Mehl und Backpulver miteinander mischen und mit Salz, 3 El Wasser und 100 g Butter mischen. Mit dem Handrührgerät zu einem glatten Teig verkneten. Wenn der Teig noch klebt, für einige Zeit kühl stellen.

Den Backofen auf 225 °C (Umluft 200 °C) vorheizen. Den Teig auf einer bemehlten Arbeitsfläche ausrollen und in eine Springform (28 cm Durchmesser) legen. Am Rand etwa 2 cm hochdrücken, Teigboden mit einer Gabel einstechen. Den Teig im Backofen etwa 20 Minuten goldgelb backen.

Die Zwiebeln schälen und in Ringe schneiden. Die restliche Butter in einem Topf schmelzen und die Zwiebeln darin andünsten. Milch, Salz und Pfeffer zugeben und etwa 10 Minuten köcheln. Speisestärke mit 1 El Wasser verrühren, zu den Zwiebeln geben und aufkochen lassen. Den Schinkenspeck würfeln. Die Eigelb mit Sahne verquirlen.

Speck, Eigelb-Sahne-Mischung zu den Zwiebeln geben und gut verrühren. Die Zwiebelmischung auf dem vorgebackenen Teigboden verteilen und im Ofen bei 180 °C (Umluft 160 °C) weitere 45 Minuten backen.

Urlaub

Der exotische Geschmack der Ferne

Die ersten Reisen glichen mehr einem Abenteuer als einem Erholungsaufenthalt. Mit Zug, Bus oder bereits mit dem Auto ging es ab in die Ferien. Lagen die ersten Touristenregionen noch in deutschen Landen sowie an den Seen Österreichs und Norditaliens, erweiterten sich mit steigender Motorisierung und längerem Urlaub die Horizonte. Noch 1955 konnte sich nur jeder fünfte Deutsche die Fahrt in den Urlaub leisten – 1969 traten bereits zwei Drittel der Bundesbürger eine Ferienreise an, fast die Hälfte davon zog es ins Ausland.

Zwischen Ostseeküste und Adria schossen Campingplätze aus dem Boden. Erst mit dem Zelt, dann mit dem Wohnwagen machten wir uns auf den Weg. Stundenlange Staus zwischen Kamener Kreuz und Brenner-Pass erduldeten wir klaglos, denn am Ziel wartete die ersehnte Belohnung. Die Ferienorte Jugoslawiens, Italiens

und Spaniens versprachen neben Sonne vor allem eins: Eiscreme, die auf der Zunge zerging. Allein das war die tagelange Reise wert.

Anfangs überwog noch das Misstrauen gegenüber der ungewohnten Küche – oft waren die Kofferräume mit heimischen Konserven gefüllt. Da wusste man, was man hatte. Schnell stellte sich die einheimische Gastronomie auf die Essgewohnheiten der deutschen Urlauber ein und offerierte – noch vor dem Schnitzel – Stampfkartoffeln mit Sauerkraut sowie Frankfurter Würstchen. Bald aber siegte unsere Neugierde, was am Nebentisch gegessen wurde.

Der Schritt von Nudeln mit Tomatensauce zu Maccheroni Bolognese war nicht groß – auch, wenn der auf dem Tisch stehende Parmesan-Käse oft unangetastet blieb. War das Eis aber einmal gebrochen, wagte sich der deutsche

Urlauber auch an andere einheimische Gerichte: Schnell fand die Pizza auf den Urlaubs-Speiseplan, ebenso in der Region angebautes Gemüse. Statt Gurken wanderten nun die ersten Zucchini in den Kochtopf, Auberginen wurden in der Pfanne gebraten oder auf dem Grill geröstet. Ein Salat konnte nicht mehr allein aus grünen Blättern bestehen, sondern durfte auch Käse oder Artischocken enthalten.

Einzug ins tägliche Leben fanden neue Tischgewohnheiten. Ein Mittagessen musste nicht mehr zwangsläufig aus Vorsuppe, Hauptgang und Nachtisch bestehen. Kleine Gerichte stießen zunehmend auf Zustimmung. Hatten wir in Frankreich eine Bouillabaisse oder eine Pariser Zwiebelsuppe probiert, dann stand auch bald daheim zur Suppe ein Bastkorb mit geröstetem Weißbrot auf dem Tisch. Nicht nur in der Bodega an der Costa Brava, sondern auch auf Partys fanden Oliven begeisterte Abnehmer.

Neben den Erinnerungen nahmen die Reisenden auch Gewürze, Kräuter und Rezepte aus den schönsten Wochen des Jahres mit. Was in der Fremde für lecker befunden wurde, stand für Genuss – und den wollten wir auch zu Hause erleben. Oregano und Kräuter der Provence wurden in deutschen Küchen salonfähig, ebenso die Verwendung von Olivenöl. Mit der Zeit wurden sogar die Gegner von Zwiebeln und Knoblauch überzeugt. Zutaten, die es beim heimischen Kaufmann nicht gab, ersetzte die Hausfrau flexibel durch gebräuchliche Ingredienzien. Als das Angebot von Obst und Gemüse in deutschen Supermärkten internationaler wurde, fiel die Zubereitung mediterraner Gerichte um so leichter.

Komplettiert wurde der Genuss durch ein Dessert in Form von exotischen Früchten. Wassermelonen erwiesen sich als lecker und Durst löschend – bald schon gehörten sie auch in Deutschland zu den Sommererfrischungen. Apfelsinen und Pampelmusen, teilweise noch mit frischen grünen Blättern verziert, verwöhnten unsere Geschmacksnerven. Auch, wenn die getrockneten Feigen und kandierten Datteln, die nördlich der Alpen angeboten wurden, nicht an den Geschmack der frischen Früchte heranreichten, ließen sie im Winter die Erinnerung an unseren letzten Feriensommer aufleben.

1970 war es endlich soweit: Ein altehrwürdiges Bielefelder Nahrungsmittelunternehmen revolutionierte den heimischen Speiseplan und führte mit der Pizza alla Romana die erste Tiefkühlpizza in Deutschland ein. Dominierten in den Anfangsjahren solche Klassiker-Beläge wie Salami oder Schinken, erweiterte sich das Spektrum der Auflagen für die knusprig dünnen Teigböden rasant.

Kochende Mütter kapitulierten auf ganzer Linie, die essende Jugend fühlte sich erlöst von so manch reichhaltigem grünbraun-grauem Eintopfgericht.

Salami-Pizza

Für 12 Stücke (1 Blech)
oder 4 runde Pizzen
450 g Mehl Type 405
1 P. Trockenhefe
1 Prise Zucker
Salz
5 El Olivenöl
½ l lauwarmes Wasser
1 Zwiebel
1 El Butter
1 kleine Dose geschälte
Tomaten (400 g)
Pfeffer
getrockneter Oregano
2 kleine Zucchini
1 gelbe Paprika
200 g Champignons
100 g Salamischeiben
250 g Mozzarella
100 g Gouda, mittelalt
Mehl zum Ausrollen
Butter für das Blech

Zubereitungszeit
ca. 30 Minuten (plus Zeit
zum Gehen und Backzeit)
Pro Stück ca. 281 kcal/1180 kJ
12 g E · 12 g F · 29 g KH

Das Mehl in eine Schüssel sieben und eine Mulde hineindrücken. Die Hefe hineingeben. Den Zucker darüberstreuen. ½ Tl Salz und Öl an den Rand der Schüssel geben. Das lauwarme Wasser in und um die Mulde gießen. Dann mit den Knethaken eines Handrührgeräts oder einer Küchenmaschine zu einem glatten Teig verarbeiten. Den Teig mit einem Tuch abgedeckt an einem warmen Ort ca. 60 Minuten gehen lassen, bis er sein Volumen fast verdoppelt hat.

Inzwischen die Zwiebel schälen und fein hacken. Die Butter in einem kleinen Topf zerlassen, Zwiebel darin andünsten. Mit dem Tomatensaft ablöschen. Die geschälten Tomaten zerkleinern und ebenfalls dazugeben. Das Ganze mit Salz, Pfeffer und Oregano würzen und einkochen lassen.

Für den Belag das Gemüse waschen. Von der Zucchini den Blüten- und Stielansatz entfernen und die Zucchini in Scheiben schneiden. Die Paprika putzen und in schmale, etwa 3 cm lange Streifen schneiden. Die Champignons mit einem Küchenpapier abreiben und blättrig schneiden. Die Salamischeiben in Streifen schneiden. Mozzarella in dünne Scheiben schneiden. Den Gouda eventuell entrinden und dann reiben. Den Backofen auf 220 °C vorheizen. Den aufgegangenen Teig auf einer bemehlten Arbeitsfläche kräftig durchkneten. Dann auf einem eingefetteten und bemehlten Backblech dünn ausrollen und vor dem Belegen, mit einem Tuch abgedeckt, etwa 10 Minuten ein zweites Mal gehen lassen.

Die Tomatensauce auf den Pizzateig streichen. Gemüse, Pilze und Salamistreifen gleichmäßig auf der Pizza verteilen. Mit Oregano würzen. Die Mozzarellascheiben auf den Pizzabelag legen und den geriebenen Gouda darüberstreuen. Die Pizza auf mittlerer Schiene etwa 25 Minuten backen.

Nudelsalat

Für 4 Portionen

200 g kurze Makkaroni

Salz

100 g TK-Erbsen

200 g Fleischwurst

100 g Emmentaler

300 g Mandarinen

(aus der Dose)

100 g Salatmayonnaise

100 g Naturjoghurt

Pfeffer

6 El Gewürzgurkensud

2 El fein gehackte Petersilie

Zubereitungszeit ca. 20 Minuten
(plus Garzeit und Zeit zum Durchziehen)
Pro Portion ca. 517 kcal/2171 kJ
23 g E · 2 g F · 53 g KH

Die Nudeln in kochendem Salzwasser nach Packungsanweisung bissfest garen. Die Erbsen 1 Minute vor Ende der Garzeit zu den Nudeln geben und mitkochen. Dann alles in ein Sieb gießen, kurz abschrecken und gut abtropfen lassen.

Die Fleischwurst von der Pelle befreien und in 1 cm große Würfel schneiden. Den Käse ebenfalls in kleine Würfel schneiden. Die Mandarinen gut abtropfen lassen, etwas Saft auffangen.

Die Salatmayonnaise mit dem Joghurt, Salz, Pfeffer, 3 El Manda-rinensaft und Gewürzgurkensud verrühren. Die Nudeln, Erbsen, Wurst, den Käse und die Mandarinen mit dem Dressing verrüh-ren und 15 Minuten durchziehen lassen. Dann den Nudelsalat erneut abschmecken. Mit Petersilie bestreut servieren.

Ich kann zwar nicht kochen wie Mama, aber dafür trinken wie Papa. Und dafür habe ich ja jetzt auch dieses Kochbuch.

Lasagne

Für 4 Portionen
Sauce Bolognese
(siehe Seite 159)
90 g Butter
3 El Mehl
400 ml Milch
Salz, Pfeffer
400 g Lasagneblätter ohne
Vorkochen
100 g frisch geriebener
Parmesan

Zubereitungszeit ca. 40 Minuten
(plus Backzeit)
Pro Portion ca. 507 kcal/2131 kJ
19 g E · 38 g F · 21 g KH

Die Bologneser Fleischsauce wie auf Seite 159 beschrieben zubereiten und beiseite stellen.

Für die Béchamelsauce 4 El Butter in einem Topf schmelzen und mit dem Mehl unter Rühren eine Mehlschwitze herstellen. Die Milch zugießen, den Topf vom Herd nehmen und so lange rühren, bis eine klümpchenfreie Sauce entstanden ist. Topf zurück auf den Herd stellen und die Sauce etwa 10 Minuten köcheln. Mit Salz und Pfeffer abschmecken.

Backofen auf 200 °C (Umluft 180 °C) vorheizen. Eine feuerfeste Auflaufform mit 1 El Butter fetten, etwas Béchamelsauce darauf verstreichen und den Boden mit Lasagneblättern belegen. Nun abwechselnd Fleischsauce, Béchamelsauce und Parmesan darauf schichten. Mit Lasagneblättern abdecken und den Vorgang wiederholen, bis alle Zutaten aufgebraucht sind. Zum Schluss Béchamelsauce und Parmesan darauf geben.

Restliche Butter in Flöckchen auf die Lasagne geben und diese im Ofen etwa 35 Minuten backen.

Es gibt viele gute Gründe mit mir befreundet zu sein. Man kann zum Beispiel sehr viel mit mir essen.

Spaghetti Bolognese

Für 4 Portionen
1 Zwiebel
1 Knoblauchzehe
1 Möhre
50 g Bauchspeck
100 g Hühnerleber
2 El Olivenöl
250 g gemischtes Hackfleisch
125 ml trockener Weißwein
125 ml Fleischbrühe
400 g Tomaten (Dose)
Salz, Pfeffer
¼ Tl getrockneter Oregano
¼ Tl getrockneter Thymian
400 g Spaghetti
50 g frisch geriebener
Parmesan

Zubereitungszeit 20 Minuten
(plus Schmor- und Garzeit)
Pro Portion ca. 847 kcal/3560 kJ
15 g E · 38 g F · 79 g KH

Die Zwiebel und den Knoblauch schälen und fein hacken. Möhre schälen und wie den Speck würfeln. Die Leber klein schneiden. Das Olivenöl in einer Pfanne erhitzen und Zwiebel sowie Knoblauch und Speck darin anbraten. Das Hackfleisch und die Leber zugeben und 6 Minuten kräftig mitschmoren.

Den Wein und die Brühe in die Pfanne gießen und etwas einkochen lassen.

Tomaten zum Fleisch geben und gut unterrühren. Mit Salz, Pfeffer und den getrockneten Kräutern würzen und alles etwa 45 Minuten bei mittlerer Temperatur köcheln lassen.

Inzwischen die Spaghetti in reichlich kochendem Salzwasser bissfest garen. Die Spaghetti mit der Fleischsauce auf Tellern anrichten und mit Parmesan servieren.

Spaghetti Carbonara

Für 4 Portionen

50 g durchwachsener Speck

1 Knoblauchzehe

2 El Butter

400 g Spaghetti

3 Eier

100 ml Sahne

40 g Parmesan

40 g Pecorino

Salz, Pfeffer

100 g gekochter Schinken

Zubereitungszeit 20 Minuten
(plus Garzeit)
Pro Portion ca. 703 kcal/2951 kJ
31 g E · 33 g F · 70 g KH

Den Speck in kleine Würfel schneiden. Den Knoblauch schälen und fein hacken. Die Butter in einer Pfanne erhitzen und den Speck darin anbraten. Knoblauch zugeben und etwa 3 Minuten mitschmoren.

Inzwischen die Spaghetti in kochendem Salzwasser bissfest garen, abgießen und abtropfen lassen. Die Nudeln zum Speck in die Pfanne geben und alles gut verrühren.

Die Eier mit der Sahne und der Hälfte der beiden Käsesorten verquirlen und mit Salz und Pfeffer würzen. Den gewürfelten, gekochten Schinken unterheben. Diese Mischung zu den Spaghetti geben und alles gut verrühren, bis die Eier zu stocken beginnen. Den restlichen Käse unter die Spaghetti heben und sofort servieren.

Früher brauchten wir keinen Lieferdienst, einfach ein paar Freunde eingeladen, zusammen gekocht und Spaß gehabt.

Käsespätzle mit Spinatsalat

Für 4 Portionen

400 g Mehl

3 Eier

ca. 250 ml Milch

Salz, 8 El Öl

200 g frisch geriebener

Emmentaler

3 Zwiebeln

2 El frisch gehackte Petersilie

1 Kopfsalat

200 g junge Spinatblätter

3 El Essig

Pfeffer

8 Cocktailtomaten

Zubereitungszeit ca. 30 Minuten
(plus Ruhe-, Gar- und Bratzeit)
Pro Portion ca. 692 kcal/2906 kJ
32 g E · 28 g F · 76 g KH

Für die Spätzle das Mehl mit den Eiern verrühren. So viel Milch zugeben, dass ein zäher Teig entsteht, der reißend vom Löffel fällt. Salzen und weiterkneten, bis der Teig Blasen wirft. Abgedeckt etwa 10 Minuten ruhen lassen.

In einem großen Topf reichlich Wasser zum Kochen bringen. Den Spätzleteig portionsweise durch die Spätzlepresse ins Wasser drücken und garen, bis die Spätzle an der Oberfläche schwimmen. Spätzle aus dem Wasser nehmen und abtropfen lassen.

2 El Öl in einer Pfanne erhitzen und die Spätzle darin schwenken. Den Käse zugeben und gut verrühren. 2 Zwiebeln schälen und in Ringe schneiden. In 2 El Öl goldbraun braten. Die Käsespätzle mit den Zwiebelringen belegt servieren.

Für den Spinatsalat Kopfsalat und Spinatblätter waschen, trocken schütteln, Salatblätter klein zupfen. Die restliche Zwiebel schälen und hacken. Aus Essig, restlichem Pflanzenöl, Salz und Pfeffer ein Dressing rühren. Die Salatzutaten in einer Schüssel mit dem Dressing überziehen und gut untermischen. Mit den halbierten Cocktailtomaten garnieren.

Backen ist
aus Teig geformte
Liebe!

Grießschnitten

Für 4 Portionen
375 ml Milch
100 ml Schlagsahne
100 g Zucker, Salz
100 g Hartweizengrieß
40 g Butter

Für das Kirschkompott
500 g Sauerkirschen
500 ml Rotwein
2 El Rohrzucker
½ Zimtstange
abgeriebene Schale von
¼ unbehandelten Zitrone
1 El Speisestärke
1 El Kirschwasser
Puderzucker zum Bestreuen

Zubereitungszeit ca. 30 Minuten
(plus Zeit zum Kochen und Abkühlen)
Pro Portion ca. 512 kcal/2150 kJ
6 g E · 19 g F · 75 g KH

Die Milch mit der Sahne, dem Zucker und 1 Prise Salz in einen Topf geben und aufkochen. Den Grieß einrühren und bei
geringer Temperatur köcheln, bis der Grieß gequollen ist. 20 g
Butter unter den Grieß rühren. Die Masse etwa 1 cm dick in eine
gefettete Auflaufform streichen und abkühlen lassen.
Inzwischen die Kirschen waschen und entsteinen. Den Rotwein
bis auf 2 El in einem Topf erhitzen und die Kirschen darin mit
Rohrzucker, Zimtstange und Zitronenschale etwa 4 Minuten
köcheln. Die Stärke im restlichen Rotwein anrühren und das
Kompott damit binden. Die Zimtstange entfernen und nach
Geschmack Kirschwasser unterrühren.
Die Grießplatte auf ein Arbeitsbrett stürzen und in Dreiecke
schneiden. Restliche Butter in einer Pfanne erhitzen. Die Grieß-
schnitten portionsweise darin goldbraun braten. Die warmen
Grießschnitten und das Kirschkompott servieren. Mit Puderzu-
cker bestreut servieren.

Gulasch

Für 4–6 Portionen
1 kg Rindfleisch ohne Knochen
100 g Speck
3 kleine Zwiebeln
375 ml Fleischbrühe
Salz
Pfeffer
½ Tl Kümmel
1 Messerspitze Paprikapulver
250 g saure Sahne
1 El Mehl

Zubereitungszeit ca. 20 Minuten
(plus Garzeit)
Pro Portion ca. 660 kcal/2763 kJ
53 g E · 47 g F · 6 g KH

Das Fleisch waschen, trocken tupfen und in mundgerechte Stücke schneiden. Den Speck fein würfeln, die Zwiebeln schälen und ebenfalls fein würfeln. Die Brühe aufkochen.

Den Speck in einem heißen Topf auslassen. Zwiebeln und Fleisch zugeben und unter ständigem Rühren kräftig anbraten. Salz, Pfeffer, Kümmel und Paprikapulver dazugeben. Die kochende Brühe dazugießen und aufkochen lassen. Bei geschlossenem Deckel ca. 1 Stunde köcheln lassen.

Die Sahne und das Mehl verrühren und die Sauce damit binden.

Desserts

Süßes im Wandel der Zeit

Ein Dessert war in den Jahren des Wiederaufbaus keine Selbstverständlichkeit, eingelegte Früchte oder ein Stück Obst reichten als Nachtisch aus. Zu besonderen Anlässen gab es Grießbrei oder mit Stärke zubereiteten Pudding, im Sommer Quarkspeise oder Rote Grütze mit und ohne Sago. Milchreis mit Zucker und Zimt sowie süße Grießklöße mit Pflaumen waren regional auch als Hauptgericht beliebt. Eierkuchen mit Marmelade oder selbst gekochtem Apfelmus sorgten für leuchtende Augen.

Neue Geschmackserlebnisse schenkten uns die bald erhältlichen Instant-Mischungen. Götterspeise mit Himbeer- oder Waldmeistergeschmack ließ Kinderherzen höher schlagen. Verschiedene Puddingarten wurden schicht-

weise kombiniert und mit Obstscheiben sowie Schokoladen- oder Vanillesauce garniert. Zuspruch fand auch Obstsalat – verfeinert mit etwas Eierlikör oder Maraschino. „Eis & Heiß", also heiße Kirschen auf Vanilleeis, wurde nur zu besonderen Anlässen gereicht.

Milchbars & Eiscafés

Die cremige Verführung

Ein Restaurantbesuch mit der ganzen Familie war in den 1950er Jahren nur für die wenigsten erschwinglich, doch gab es eine preisgünstige Alternative: Milchbars lockten mit modernem Ambiente und kinderfreundlicher Getränkekarte. Der Name war Programm, denn tatsächlich beschränkten sich viele dieser Lokale in der Anfangszeit auf den Ausschank nichtalkoholischer Getränke. Milchmixgetränke und eisgekühlte Shakes waren angesagt, noch 1964 war Milch mit einem durchschnittlichen Jahreskonsum von 110 Litern pro Kopf nach Bier das beliebteste Getränk in Deutschland.

Welch ein Unterschied zum Muff herkömmlicher Gastwirtschaften: Die geschwungene Theke ragte weit in den Raum hinein, die Rückwand war der Optik einer Cocktail-Bar nachempfunden und mitunter auch ebenso gut bestückt. Platz fand die Familie an einem der unsymmetrischen pastellfarbenen Nierentische, wo wir auf bunten Kunststoffstühlen darauf warteten, dass der Kellner unsere Bestellung brachte. Die frisch zubereitete Erdbeer- oder Bananenmilch war vom Mixen noch schaumig und wurde kühl serviert. Mit Hingabe wurde am Strohhalm gesaugt, um auch den letzten Rest der bunten Köstlichkeit aus dem Glas zu retten.

Am Abend wurden die Milchbars zu Treffpunkten der Jugendlichen – angelockt von den Musikboxen, die immer die neuesten Platten vorspielten. Zudem genug Raum war, auf Twist, Letkiss und den aufkommenden Rock & Roll zu tanzen. In ihrer Hochzeit in den 1960er Jahren wurden in Deutschland etwa 1.600 Milchbars gezählt.

Mit dem Aufkommen von Clubs und Bistros verlagerten sich die Abendaktivitäten der älteren Geschwister, das Ende des Milchshakes bedeu-

teten sie jedoch nicht. Die gab es nun in den wie Pilze aus dem Boden schießenden Eiscafés. In Westdeutschland meist von Italienern betrieben offerierten sie zudem ein Angebot an Speiseeis, dass es nördlich der Alpen zuvor nicht gegeben hatte. Sie ließen uns ein bisschen wie in Italien fühlen – trugen sie doch allesamt so verlockende Namen wie ‚Monte Cristallo', ‚Capri' oder ‚Rialto'. Über die auch in deutschen Cafés üblichen Sorten Erdbeere, Vanille und Schokolade hinaus gab es nun Nusseis und Stracciatella. Farbenfrohes Fruchteis in Variationen von Himbeer bis Waldmeister kündete von Sommer, Sonne und Urlaub und ließ die Auswahl schwer fallen. Sehr kleine Geschwister hatten oft Pech und mussten sich aus Sorge um Verkühlung mit einem Hörnchen voll Sahne zufrieden geben. Die vor Kälte dampfende Kühltheke am Eingang lockte, sich ein oder zwei Bällchen zum Mitnehmen zu bestellen. In der Waffel oder im Becher lautete die Standardfrage, die oft genug von den Erwachsenen beantwortet wurde: Wenn nichts aufs Hemd kleckern durfte, wurde dem Becher der Vorrang gegeben.

Der Hit war die Ankunft des Eismanns, der zumeist am Wochenende mit einem entsprechend umgebauten und beschrifteten Bulli dem Rattenfänger von Hameln gleich Heerscharen von Kindern herbeiklingelte.

Wir hatten große Sorge, von den Erwachsenen weder die Erlaubnis noch das nötige Kleingeld zu erquengeln oder gar den Eiswagen zu verpassen!

Kehrte man aber in eine Eisdiele ein, konnte man auf eine mit zwei bis drei Kugeln Eis gefüllte Silberschale hoffen, garniert mit Sahne und einem bunten Sonnenschirm. Oder es gab einen richtigen Eisbecher wie den Bananensplit, der nicht nur mit einer ganzen Banane bestückt war, sondern auch ein auf der Sahne verteiltes Dekor aus Erdbeer- oder Schokoladensauce aufwies. Im Nu wurden Amarenabecher und Coppa di frutta zu beliebten Leckereien – entweder im Lokal gegessen oder draußen an einem der Tische unter Sonnenschirmen genossen. Eine Herausforderung war die Cassata – eine Eistorte, die aus verschiedenen Schichten Eis bestand und eher mit der Gabel als mit dem Löffel gegessen wurde. Nicht zu vergessen das Spaghetti-Eis mit seinem angefrorenen Klecks Sahne unter dem mit Fruchtsauce und noch mehr Sahne garnierten Eisberg.

Derweil schlürften die Erwachsenen ihren Milchkaffee oder Cappuccino – italienisch mit aufgeschäumter Milch oder auf deutsche Art mit Sahnehäubchen zubereitet. Ein Espresso dagegen wurde nur zögernd bestellt. So eine kleine Tasse und die auch nur halb voll – da bestellte Tante Hanni lieber eine ‚richtige' Tasse Kaffee. Oder aber ein Milchprodukt – eine Erdbeermilch oder einen Bananenshake zum Beispiel. So, wie früher in der Milchbar.

Milchreis mit Zimt und Zucker

Für 4 Portionen

1 l Milch

1 Prise Salz

100 g Zucker

250 g Milchreis

1 Tl gemahlener Zimt

Zubereitungszeit ca. 25 Minuten
(plus Koch- und Quellzeit)
Pro Portion ca. 345 kcal/1449 kJ
10 g E · 10 g F · 51 g KH

Die Milch mit dem Salz und 75 g Zucker in einen Topf geben und aufkochen. Den Reis einrühren und etwa 30 Minuten quellen lassen.

Den Rest des Zuckers mit dem Zimt mischen und vor dem Servieren den Milchreis damit bestreuen.

Mein Verstand sagt Salat.
Mein Herz und Bauch
sagen Milchreis.

Rote Grütze

Für 4 Portionen
je 125 g Himbeeren,
Erdbeeren, rote Johannis-
beeren und Kirschen
125 g Zucker
60 g Speisestärke
Minzeblättchen zum
Dekorieren

Zubereitungszeit ca. 30 Minuten
(plus Koch- und Kühlzeit)
Pro Portion ca. 234 kcal/983 kJ
2 g E · 1 g F · 53 g KH

Die Himbeeren und Erdbeeren verlesen, putzen und waschen,
Johannisbeeren von den Rispen zupfen und ebenfalls waschen.
Kirschen waschen und entsteinen. Früchte abtropfen lassen.
In einem Topf die Früchte mit etwa 1 l Wasser und dem Zucker
zum Kochen bringen und 2 Minuten köcheln.
Früchte abgießen, den Saft auffangen und in einem Topf erneut
aufkochen. Die Speisestärke mit etwas Wasser anrühren und den
Fruchtsaft damit andicken. Früchte unterheben und die Grütze
bis zum Servieren kalt stellen.
Die Rote Grütze mit Milch oder Vanillesauce servieren.
Mit Minzeblättchen garnieren.

Kindergeburtstage

Freudentage für alle

Schon am Morgen stand der Lieblingskuchen auf dem Geburtstagstisch. Während die Familie „Wie schön, dass Du geboren bist" sang, pustete das Geburtstagskind die Kerzen aus und packte die Geschenke aus. Bis in die 1960er Jahre hinein hatten praktische Präsente – der fällige Ersatz der Garderobe oder neue Stifte für die Schule etwa – ihren festen Platz auf dem Gabentisch. Erst als die Grundversorgung auch im Alltag gesichert war gingen vorrangig Herzenswünsche nach Spielzeug in Erfüllung.

Meist war der Festtag Anlass für den Besuch der Verwandtschaft. Gestriegelt und in ein feines Hemd oder Kleidchen gezwängt mussten wir uns artig für die Geschenke bedanken, beim gemeinsamen Kaffeetrinken türmten sich die Kuchen. Besonders beliebt die Kekstorte Kalte Schnauze, auch der von Muttern gebackene und mit Puderzucker bestäubte Gugelhupf oder Käsekuchen oder gar die tonnenschwere Buttercreme-Sünde Frankfurter Kranz durfte nicht fehlen. Weil der Anlass so besonders war, wurde der für die Kinder zubereitete Mucke-

fuck oft mit etwas richtigem Kaffee, wie ihn die Erwachsenen tranken, veredelt oder ein Kakao-Instant-Pulver sorgte verstärkt für die von tiefem Genuss zeugenden Schokoränder um die „Schnuten" der Kinder. Danach vertieften sich Eltern und Gäste in ernsthafte Gespräche, und wir jungen Jubilare durften im Kinderzimmer spielen – allein, mit den Geschwistern oder anderen Kindern der Familie im weiteren Sinne. Nachbarskinder wurden zu Familienfeiern selten eingeladen.

Die kamen erst zum Kindergeburtstag, wenn auch häufig in von den Eltern begrenzter Anzahl. Auch hier galt Etikette: Die kleinen Gäste erschienen fein gemacht mit frisch geflochtenen Zöpfen oder streng gescheiteltem Haar. Dem Vergnügen tat dies keinen Abbruch: Statt Torten standen nun Windbeutel oder Mohrenköpfe auf dem Tisch, im Laufe der Zeit kamen Biskuitböden hinzu, deren Früchte unter Mengen von Tortenguss versteckt waren. Als besonders beliebt erwiesen sich kleine Torteletts, auf denen ein halber Pfirsich und Kirschen drapiert waren.

Und welche Aufregung im Vorfeld: Welche besten Freundinnen laden wir mit selbstgebastelten Einladungskarten ein? Wenn Susi kommt, will Heike nicht dabei sein. Kommen auch Jungs? Nein, denn die finden Mädchengeburtstage (noch) doof.

Die feinen Sachen blieben selten lange sauber. Wenn es das Wetter zuließ, spielten alle draußen, da war zwischen Sackhüpfen und Eierlaufen so mancher Bodenkontakt unvermeidlich. Bei Regen blieben wir im Haus und hatten, je nach Alter, bei Topfschlagen und Mensch-ärgere-Dich-nicht unseren Spaß. Höhepunkte des Tages waren oft Spiele, bei denen Geschicklichkeit oder Schnelligkeit mit Leckereien belohnt wurden: Beim Würstchenschnappen

musste die hoch aufgehängte Wurst mit dem Mund erwischt werden, beim Schokokuss-Wettessen ging es zum Leidwesen mancher nicht darum, wie viele, sondern wie schnell man das schokoladenüberzogene Schaumgebäck vertilgen konnte.

Als sich die gesellschaftlichen Sitten lockerten bekam auch der Kindergeburtstag eine andere Note. Das Freudenfest entwickelte sich zur Veranstaltung, Schnitzeljagd, gemeinsames Backen und Nachtwanderung kamen dem kindlichen Forscherdrang entgegen. Alternativ zu Sahnetörtchen wie den legendären Zitronenrollen erfreuten nun warme Waffeln in Herzform uns Kinder – besonders, wenn darauf noch heiße Kirschen und ein Klecks frisch geschlagener Sahne thronten. Dazu galt, dass niemand mit leeren Händen nach Hause ging, jedes Kind bekam ein kleines Präsent zur Erinnerung an diesen schönen Tag. Die Aussicht auf einen Preis – ein Buntstift, ein Quartett oder ein Flummi – fachte die Begeisterung für Gesellschaftsspiele enorm an. Wer dann mit einer Tüte Bonbons oder Popcorn nach Hause ging, hatte einen sichtbaren und leckeren Beweis, dass es ein wunderschöner Kindergeburtstag war. Das galt für das Geburtstagskind erst recht: Bunte Teller mit Süßigkeiten boten noch Tage nach dem Fest einen Nachgeschmack des Freudentages.

Der verführerische Duft aus der Küche, der köstliche Geschmack des frischen Lieblingskuchens (Marmorkuchen, dazu eine Tasse Kakao? Buttercremetorte? Von einem Stück war man leider schon so furchtbar satt ...) – und vorher das unvergessliche Ritual: das ausnahmsweise genehmigte Auskratzen, ja Auslecken der Teigschüssel mit dem Finger. Wer erinnert sich nicht an das Gefühl von Wärme und Geborgenheit in der Küche und hat nicht den Geschmack des süß-flüssigen Teigs auf der Zunge?

Kalte Schnauze

Für 12 Stücke

4 Eier

150 g Puderzucker

1 P. Vanillezucker

150 g Schokolade

150 g Kokosfett

750 g Butterkekse

Zubereitungszeit 15 Minuten
(plus Kühlzeit)
Pro Stück ca. 448 kcal/1882 kJ
8 g E · 25 g F · 47 g KH

Die Eier im Wasserbad schaumig rühren. Zucker und Vanille-zucker zugeben und weiterschlagen, bis eine dicke Creme entstanden ist.

Die Schokolade reiben und zur Creme geben. Das Kokosfett in einem Topf schmelzen. Die Schokocreme vom Herd nehmen und das Kokosfett nach und nach unterrühren. Glatt rühren. Eine Kastenform mit Klarsichtfolie auslegen und abwechselnd eine Schicht Butterkekse und eine Schicht Schokoladencreme hineingeben.

Die Form einige Stunden kalt stellen, bis die Creme fest ist. Dann den Kalten Hund stürzen, die Folie abziehen und den Kuchen in Scheiben schneiden.

Grießbrei mit Kirschen

Für 4 Portionen
500 ml Milch
Schale von 1 unbehandelten
Zitrone
1 P. Vanillezucker
25 g Zucker
Salz
40 g Grieß
1 Ei
125 g Schattenmorellen
(aus dem Glas)
1 Tl Honig
1 Tl Zitronensaft

Zubereitungszeit ca. 15 Minuten
(plus Garzeit)
Pro Portion ca. 205 Kcal/860 kJ
8 g E . 6 g F . 25 g KH

Die Milch mit der Zitronenschale, dem Vanillezucker, dem Zucker
und 1 Prise Salz zum Kochen bringen. Den Grieß einstreuen und
bei schwacher Hitze 5 Minuten quellen lassen.
Das Ei trennen. Eiweiß zu steifem Schnee schlagen, Eigelb mit
dem heißen Grießbrei verrühren. Den Eischnee unterheben.
Den Brei auf 4 Portionsschalen verteilen und abkühlen lassen.
Die Schattenmorellen mit Honig und Zitronensaft abschmecken
und auf dem Grießbrei anrichten.

Das Dampfen der aufkochenden Milch, das Rascheln der kleinen Tüte, das Schlagen des Schneebesens, der herrliche Duft von Vanille – so einfach ist Pudding heutzutage gemacht. Das Pulver aus dem Päckchen ist schon fast zur Selbstverständlichkeit geworden; bereits 1894 produzierte Dr. Oetker Puddingpulver in den Geschmacksrichtungen Schokolade und Vanille zu einem Preis von zehn Pfennig. Und seitdem darf der Dessertklassiker am Sonntag auf keiner Tafel fehlen.

Vanillepudding

Für 4 Portionen
½ Vanilleschote
500 ml Milch
2 El Zucker
1 Prise Salz
40 g Speisestärke
1 Ei

Zubereitungszeit ca. 15 Minuten
Pro Portion ca. 149 kcal/626 kJ
6 g E · 6 g F · 17 g KH

Vanilleschote längs halbieren und das Mark herausschaben.
Etwas Milch zum Anrühren der Speisestärke beiseite stellen.
Milch mit Zucker, Salz, Vanillemark und -schote aufkochen.
Vanilleschote herausnehmen und Topf vom Herd nehmen.
Das Ei trennen.
Speisestärke mit Milch und Eigelb verquirlen, einrühren und in
der Nachwärme garen. Eiweiß steif schlagen und unterheben.
Pudding in eine Glasschüssel füllen und erkalten lassen. Über
die Glasschüssel eine Frischhaltefolie ziehen, damit sich keine
Haut auf dem Pudding bildet.

Früher brauchte es nichts weiter als Milchreis und Pudding und die Welt war wieder in Ordnung.

Kirschenmichel

Für 4 Portionen
4 Brötchen (vom Vortag)
800 ml Milch
2 Eier
50 g Butter
60 g Zucker
abgeriebene Schale von einer
½ unbehandelten Zitrone
600 g Süßkirschen
1 Tl Zimt
½ P. Vanillepuddingpulver
2 El Zucker
Butter für die Form

Zubereitungszeit
ca. 1 Stunde 15 Minuten
Pro Portion ca. 575 kcal/2415 kJ
15 g E · 22 g F · 75 g KH

Die Brötchen in fingerdicke Scheiben schneiden, in eine Schüssel legen und mit 300 ml lauwarmer Milch übergießen. Die Eier trennen. Den Backofen auf 200 °C vorheizen.

30 g Butter mit 40 g Zucker, Eigelben und abgeriebener Zitronenschale schaumig schlagen. Eigelbmasse mit den eingeweichten Brötchen verrühren. Kirschen waschen, entsteinen und daruntermischen. Eiweiß steif schlagen und unter den Kirschenmichel heben.

Eine Auflaufform mit Butter einfetten und die Brötchen-Kirsch-Masse einfüllen. Mit der restlichen Butter in Flöckchen belegen und mit Zimt bestreuen. Im vorgeheizten Ofen etwa 45 Minuten auf der mittleren Schiene backen.

Die restliche Milch aufkochen. 6 El Milch abnehmen und mit dem Vanillepuddingpulver und dem restlichen Zucker glatt rühren. Das Ganze in die kochende Milch rühren und unter Rühren einmal aufkochen lassen. Die Sauce zum warmen Kirschenmichel servieren. Sie können auch 4 El Mandelstifte unter den Kirschenmichel mischen, so erhält der Auflauf eine nussige Note.

Bratäpfel

Für 4 Portionen

4 Äpfel (Boskop)

2 El Rosinen

2 El Rum

3 El gehackte Haselnüsse

1 Prise Zimt

2 El Honig

4 El Puderzucker

Fett für das Blech

Zubereitungszeit ca. 15 Minuten
(plus Backzeit)
Pro Portion ca. 128 kcal/538 kJ
1 g E · 5 g F · 17 g KH

Den Backofen auf 220 °C (Umluft 200 °C) vorheizen. Die Äpfel waschen und trocken tupfen. Die Rosinen im Rum einweichen. Das Kerngehäuse der Äpfel vorsichtig ausstechen. Die Äpfel auf ein gefettetes Backblech setzen. Rosinen, Haselnüsse, Zimt und Honig mischen und in die Äpfel füllen. Die Äpfel im Ofen etwa 30 Minuten backen. Mit Puderzucker bestreut servieren.

allen

drin stecken

Lebe lustig lebe froh,
wie die Maus im
Haferstroh. Denke
zuerst an die ander
dann an dich und
sage nie das kann
ich nicht.

Zum Andern

Weidem dem
37.

Arme Ritter

Für 4 Portionen
250 ml Milch
1 Tl abgeriebene Schale von
1 unbehandelten Zitrone
3 El Zucker
1 El Zimt
4 Scheiben Weißbrot
vom Vortag
4 Eier
60 g Butter

Zubereitungszeit 15 Minuten
(plus Backzeit)
Pro Portion ca. 263 kcal/1103 kJ
12 g E · 16 g F · 19 g KH

Die Milch mit Zitronenschale, Zucker und Zimt in einem Topf
aufkochen und abkühlen lassen.
Die Weißbrotscheiben in die abgekühlte Milch legen und 5 Mi-
nuten einweichen.
Die Eier in einem Teller verquirlen. Die Weißbrotscheiben aus der
Milch nehmen und im Eischaum wenden.
Die Butter in einer Pfanne schmelzen und die Weißbrotscheiben
darin von beiden Seiten goldbraun und knusprig braten. Dazu
Fruchtkompott reichen.

Kiosk, Büdchen, Trinkhalle

Das Schlaraffenland im Kleinformat

Nicht nur zwischen Ruhr, Rhein und Main, auch in anderen Ballungsgebieten und Großstädten lockten Kioske zum schnellen Einkauf. Gleich, ob sie als Trinkhallen oder Wasserhäuschen, Spätverkauf oder Kaffeeklappe, Selterbuden, Buden oder Büdchen bezeichnet wurden – häufig lagen sie an Durchgangsstraßen oder Busstationen, oft auch in direkter Nähe von Schulen. Teils in extra dafür vorgesehenen Pavillons, trennte fast immer ein winziges Schiebefenster den Gehweg vom Innenraum. Das

Neonlicht des Reklameschilds beleuchtete das Pflaster, in den Auslagen und an den Scheiben prangten die neuesten Illustrierten, aber auch das aktuelle Micky-Maus-Heft. Die Tafel mit den erhältlichen Eissorten hatte ihren festen Platz in Augenhöhe der Taschengeldempfänger. Entschieden wir uns für Capri-Eis oder Cornetto, landete das Papier in dem halbrunden Papierkorb aus Drahtgeflecht, der neben dem Ausschank stand.

Obwohl winzig in ihren Abmessungen erwiesen sich Trinkhallen als Wunderland, in dem kaum Wünsche offen blieben. Arbeiter kauften hier noch vor Sonnenaufgang ihre Zeitung und nahmen gleich noch ein mit Schnittkäse oder Mett belegtes Brötchen mit. Hausfrauen gaben den Lottoschein ab, Nachtschwärmer versorgten sich mit Getränken und Tabakwaren aller Art. Ein Gespräch, Informationen aus der Nachbarschaft oder die Bewertung der Weltpolitik gab es gratis. Vor und nach der Schule waren die Büdchen belagert von uns Schülern, die wir hier unser Taschengeld in die harte Währung von Süßigkeiten und Sammelbildern umwechselten. Für zehn Pfennig von den Cola-Flaschen oder doch lieber die knallroten Zucker-Himbeeren? Die Wahl fiel nicht leicht, standen doch die großen, durchsichtigen Kunststoffdosen mit den beliebtesten Leckereien genau im Blickfeld.

Während der Tagesstunden wurden Alkohol und Zigaretten nur zögerlich an Kinder und Jugendliche abgegeben. Schließlich war bekannt, dass Väter ihre Kinder erst abends zum Büdchen schickten, um noch ein paar Flaschen Bier zu kaufen. Gesunder Menschenverstand ersetzte oft das Jugendschutzgesetz. Der Satz: „Das ist für meine Eltern" wurde nicht immer akzeptiert, doch nach einem Ausweis fragte kaum jemand.

Mit der Zeit erweiterte sich das Angebot beträchtlich. Lebensmittel waren zwar teurer als im Supermarkt, doch der beim Einkauf vergessene Liter Milch ließ sich auch hier erstehen. Immerhin hatten Trinkhallen oft bis in die Nacht hinein sowie am Wochenende geöffnet. Viele Trinkhallenbesitzer hatten eine feste Stammkundschaft – da wusste man, was alles benötigt werden konnte.

Nicht alle aber waren von den Kaufhäusern im Miniformat angetan: An den Ladenschluss gebundene Geschäfte witterten ebenso wie Gastwirtschaften unliebsame Konkurrenz. Anwohner beschwerten sich über die zunehmende Lärmbelästigung durch haltende Autos und sich in der Nähe aufhaltende ‚Dauerkunden'. Zumal Trinkhallen keine sanitären Einrichtungen vorweisen mussten. In der Folge dämmten die Ordnungsämter die Ausstellung und Erweiterung von Konzessionen ein. Als auch die Tankstellen begannen, Zeitungen und Dinge des täglichen Bedarfs in ihr Programm aufzunehmen, nutzte so mancher eher die Tankpause zum kleinen Einkauf. Gab es in den Jahren des Wiederaufbaus allein in Frankfurt etwa 800 Wasserhäuschen, schrumpfte ihre Zahl in den 1970er Jahren deutlich.

Die verbliebenen Büdchen aber büßten ihr Flair nicht ein. Ein Rollmops oder Brathering, eine Gewürzgurke für zwischendurch? Einen Moment später lag das Gewünschte auf der kleinen Theke, das Wechselgeld klimperte auf dem Plastikteller. Liebesperlen, *Ahoj*-Brause oder Karamellbonbons? Fiel die Wahl zu schwer, wurde der Groschen in den draußen an der Hauswand angebrachten Kaugummi-Automat gesteckt – vielleicht klappte es diesmal, den begehrten Plastikring oder die Murmel zu bekommen.

Register

Texte: Marc Roger Reichel • Rezepte: TLC / Sylvia Winnewisser • Gestaltung: FSM Premedia, Niels Bonnemeier

Bildquellen:
A. Kauka Archiv, Promedia Inc.: S. 174 • Allgäuer Alpenmilch GmbH: S. 43 l. • Frank Annas: S. 133 • Bauknecht Hausgeräte GmbH: S. 86 u., 117, 181 o.r., 192 • Brandt Zwieback: S. 179 u. • British American Tobaco: S. 43 M. • Capri-Sonne: S. 77 o.r., 173 o. • De Nederlandse Zuivel Organisatie: S. 42 r. • Dr. August Oetker Nahrungsmittel KG, Bielefeld: S. 9 r., 120 M., 168 u.l., 183 • Fotolia/Christopher Howey: S. 101 • Haribo GmbH & Co KG: S. 137 u., 169 o.r., 191 (2) • Henkel AG & Co. KG aA: S. 42 l., 189 u. • iglo GmbH: S. 10, 11, 43 r., 114 u., 120 (2), 121 r., 129 • Interfoto: S. 2 o.r., 6, 17 r., 19 (2), 27 o., 36 u., 44, 56, 60 o.l., 67 l., 78 u., 80, 84 u., 109, 135 o., 140, 146, 153, 170, 171 o., 176, 178, 189 o. • Karl-May-Verlag, Bamberg: S. 135 u. • Langnese/Unilever Deutschland GmbH: S. 169 u., 191 • Maggi GmbH: S. 60 u. (2), 61 u. • Nestlé Kaffee & Schokoladen GmbH: S. 77 o.l. • NORDSEE Holding GmbH: S. 60 o.r., 63 (2), 112 u. • picture-alliance/dpa: S. 2 o.l., u., 4, 9 l., 15, 16 (2), 17 l., 18, 21, 22, 25 l., 28, 38 u., 40, 45, 46, 49 l., 50, 52 u., 62, 65, 69, 83, 91, 92, 97, 98 u., 102, 106 u. • 115, 128, 136, 148, 154, 162, 177 l., 180, 187, 190 o. • Rotbäckchen-Vertriebs GmbH: S. 76
Alle übrigen Abbildungen stammen von TLC sowie aus dem Archiv des KOMET Verlages.
Der Verlag hat sich bemüht, die Rechteinhaber aller Abbildungen korrekt anzugeben,
und bittet, mögliche Falschangaben zu entschuldigen.